PROUST

Les Plaisirs
et les Jours

Postface de
Anne Borrel

Illustrations de
Piercarlo Foddis-Boï

ÉDITIONS MILLE ET UNE NUITS

PROUST
n° 202

Texte intégral

© Éditions Mille et une nuits, mars 1998
pour la présente édition.
ISBN : 2-84205-317-6

Sommaire

PROUST

Les Plaisirs et les Jours

Les Plaisirs et les Jours

À MON AMI WILLIE HEATH
Mort à Paris le 3 octobre 1893

> *« Du sein de Dieu où tu reposes… révèle-moi ces vérités qui dominent la mort, empêchent de la craindre et la font presque aimer. »*

Les anciens Grecs apportaient à leurs morts des gâteaux, du lait et du vin. Séduits par une illusion plus raffinée, sinon plus sage, nous leur offrons des fleurs et des livres. Si je vous donne celui-ci, c'est d'abord parce que c'est un livre d'images. Malgré les « légendes », il sera, sinon lu, au moins regardé par tous les admirateurs de la grande artiste qui m'a fait avec simplicité ce cadeau magnifique, celle dont on pourrait dire, selon le mot de Dumas, « que c'est elle qui a créé le plus de roses après Dieu ». M. Robert de Montesquiou aussi l'a célébrée, dans des vers inédits encore, avec cette ingénieuse gravité, cette éloquence sentencieuse et subtile, cet ordre rigoureux qui parfois chez lui rappellent le XVIIᵉ siècle. Il lui dit, en parlant des fleurs :

« *Poser pour vos pinceaux les engage à fleurir.*

Vous êtes leur Vigée et vous êtes la Flore
Qui les immortalise, où l'autre fait mourir ! »

Ses admirateurs sont une élite, et ils sont une foule. J'ai voulu qu'ils voient à la première page le nom de celui qu'ils n'ont pas eu le temps de connaître et qu'ils auraient admiré. Moi-même, cher ami, je vous ai connu bien peu de temps. C'est au Bois que je vous retrouvais souvent le matin, m'ayant aperçu et m'attendant sous les arbres, debout, mais reposé, semblable à un de ces seigneurs qu'a peints Van Dyck et dont vous aviez l'élégance pensive. Leur élégance, en effet, comme la vôtre, réside moins dans les vêtements que dans le corps, et leur corps lui-même semble l'avoir reçue et continuer sans cesse à la recevoir de leur âme : c'est une élégance morale. Tout d'ailleurs contribuait à accentuer cette mélancolique ressemblance, jusqu'à ce fond de feuillages à l'ombre desquels Van Dyck a souvent arrêté la promenade d'un roi ; comme tant d'entre ceux qui furent ses modèles, vous deviez bientôt mourir, et dans vos yeux comme dans les leurs, on voyait alterner les ombres du pressentiment et la douce lumière de la résignation. Mais si la grâce de votre fierté appartenait de droit à l'art d'un Van Dyck, vous releviez plutôt du Vinci par la mystérieuse intensité de votre vie spirituelle. Souvent le doigt levé, les yeux impénétrables et souriants en face de l'énigme que vous taisiez, vous m'êtes apparu comme le saint Jean-Baptiste de Léonard. Nous formions alors le rêve, presque le projet, de vivre de plus en plus l'un avec l'autre, dans un cercle de femmes et d'hommes magnanimes et choisis, assez loin de la bêtise, du vice et de la méchanceté pour nous sentir à l'abri de leurs flèches vulgaires.

Votre vie, telle que vous la vouliez, serait une de ces œuvres à qui il faut une haute inspiration. Comme de la foi et du génie, nous pouvons la recevoir de l'amour. Mais c'était la mort qui devait vous la donner. En elle aussi et même en ses approches résident des forces cachées, des aides secrètes, une « grâce » qui n'est pas dans la vie. Comme les amants quand ils commencent à aimer, comme les poètes dans le temps où ils chantent, les malades se sentent plus près de leur âme. La vie est chose dure qui serre de trop près, perpétuellement nous fait mal à l'âme. À sentir ses liens un moment se relâcher, on peut éprouver de clairvoyantes douceurs. Quand j'étais tout enfant, le sort d'aucun personnage de l'histoire sainte ne me semblait aussi misérable que celui de Noé, à cause du déluge qui le tint enfermé dans l'arche pendant quarante jours. Plus tard, je fus souvent malade, et pendant de longs jours je dus rester aussi dans l'« arche ». Je compris alors que jamais Noé ne put si bien voir le monde que de l'arche, malgré qu'elle fût close et qu'il fît nuit sur la terre. Quand commença ma convalescence, ma mère, qui ne m'avait pas quitté, et, la nuit même restait auprès de moi, « ouvrit la porte de l'arche » et sortit. Pourtant comme la colombe « elle revint encore ce soir-là ». Puis je fus tout à fait guéri, et comme la colombe « elle ne revint plus ». Il fallut recommencer à vivre, à se détourner de soi, à entendre des paroles plus dures que celles de ma mère ; bien plus, les siennes, si perpétuellement douces jusque-là, n'étaient plus les mêmes, mais empreintes de la sévérité de la vie et du devoir qu'elle devait m'apprendre.

Douce colombe du déluge, en vous voyant partir comment penser que le patriarche n'ait pas senti quelque tristesse se mêler à la joie du monde renaissant? Douceur de la suspension de vivre, de la vraie « Trêve de Dieu » qui interrompt les travaux, les désirs mauvais, « Grâce » de la maladie qui nous rapproche des réalités d'au-delà de la mort – et ses grâces aussi, grâces de « ces vains ornements et ces voiles qui pèsent », des cheveux qu'une importune main « a pris soin d'assembler », suaves fidélités d'une mère et d'un ami qui si souvent nous sont apparus comme le visage même de notre tristesse ou comme le geste de la protection implorée par notre faiblesse, et qui s'arrêteront au seuil de la convalescence, souvent j'ai souffert de vous sentir si loin de moi, vous toutes, descendance exilée de la colombe de l'arche. Et qui même n'a connu de ces moments, cher Willie, où il voudrait être où vous êtes. On prend tant d'engagements envers la vie qu'il vient une heure où, découragé de pouvoir jamais les tenir tous, on se tourne vers les tombes, on appelle la mort, « la mort qui vient en aide aux destinées qui ont peine à s'accomplir ». Mais si elle nous délie des engagements que nous avons pris envers la vie, elle ne peut nous délier de ceux que nous avons pris envers nous-même, et du premier surtout, qui est de vivre pour valoir et mériter.

Plus grave qu'aucun de nous, vous étiez aussi plus enfant qu'aucun, non pas seulement par la pureté du cœur, mais par une gaieté candide et délicieuse. Charles de Grancey avait le don que je lui enviais de pouvoir, avec des souvenirs de collège, réveiller brusquement ce rire qui ne s'endormait jamais bien longtemps, et que nous n'entendrons plus.

Si quelques-unes de ces pages ont été écrites à vingt-trois ans, bien d'autres (*Violante*, presque tous les *Fragments de Comédie italienne*, etc.) datent de ma vingtième année. Toutes ne sont que la vaine écume d'une vie agitée, mais qui maintenant se calme. Puisse-t-elle être un jour assez limpide pour que les Muses daignent s'y mirer et qu'on voie courir à la surface le reflet de leurs sourires et de leurs danses.

Je vous donne ce livre. Vous êtes, hélas ! le seul de mes amis dont il n'ait pas à redouter les critiques. J'ai au moins la confiance que nulle part la liberté du ton ne vous y eût choqué. Je n'ai jamais peint l'immoralité que chez des êtres d'une conscience délicate. Aussi, trop faibles pour vouloir le bien, trop nobles pour jouir pleinement dans le mal, ne connaissant que la souffrance, je n'ai pu parler d'eux qu'avec une pitié trop sincère pour qu'elle ne purifiât pas ces petits essais. Que l'ami véritable, le Maître illustre et bien-aimé qui leur ont ajouté, l'un la poésie de sa musique, l'autre la musique de son incomparable poésie, que M. Darlu aussi, le grand philosophe dont la parole inspirée, plus sûre de durer qu'un écrit, a, en moi comme en tant d'autres, engendré la pensée, me pardonnent d'avoir réservé pour vous ce gage dernier d'affection, se souvenant qu'aucun vivant, si grand soit-il ou si cher, ne doit être honoré qu'après un mort.

Juillet 1894.

LA MORT
DE
BALDASSARE SILVANDE
VICOMTE DE SYLVANIE

I

> « Apollon gardait les troupeaux
> d'Admète, disent les poètes ; chaque
> homme aussi est un dieu déguisé qui
> contrefait le fou. »
>
> EMERSON

« Monsieur Alexis, ne pleurez pas comme cela, M. le vicomte de Sylvanie va peut-être vous donner un cheval.

— Un grand cheval, Beppo, ou un poney ?

— Peut-être un grand cheval comme celui de M. Cardenio. Mais ne pleurez donc pas comme cela... le jour de vos treize ans ! »

L'espoir de recevoir un cheval et le souvenir qu'il avait treize ans firent briller, à travers les larmes, les yeux d'Alexis. Mais il n'était pas consolé puisqu'il fallait aller voir son oncle Baldassare Silvande, vicomte de Sylvanie. Certes, depuis le jour où il avait entendu dire que la maladie de son oncle était inguérissable, Alexis l'avait vu plusieurs fois. Mais depuis, tout avait bien changé. Baldassare s'était rendu compte de son mal et savait maintenant qu'il avait au plus trois ans à vivre. Alexis, sans comprendre d'ailleurs comment cette certitude n'avait pas tué de chagrin ou rendu fou son oncle, se sentait incapable de supporter la douleur de le voir. Persuadé qu'il allait lui parler de sa fin prochaine, il ne se croyait pas la force, non seulement de le consoler, mais même de retenir ses sanglots. Il avait toujours adoré son oncle, le plus grand, le plus beau, le plus jeune, le plus vif, le plus doux de ses parents. Il aimait ses yeux gris, ses moustaches blondes, ses genoux, lieu profond et doux de plaisir et de refuge quand il était plus petit, et qui lui semblaient alors inaccessibles comme une citadelle, amusants comme des chevaux de bois et plus inviolables qu'un temple. Alexis, qui désapprouvait hautement la mise sombre et sévère de son père et rêvait à un avenir où, toujours à cheval, il serait élégant comme une dame et splendide comme un roi, reconnaissait en Baldassare l'idéal le plus élevé qu'il se formait d'un homme ; il savait que son oncle était beau, qu'il lui ressemblait, il savait aussi qu'il était intelligent, généreux, qu'il avait une puissance égale à celle d'un évêque ou d'un général. À la vérité, les critiques de ses parents lui avaient appris que le vicomte avait des défauts. Il se rappelait même la violence de sa colère le jour où son cousin Jean Galeas s'était moqué de lui, combien l'éclat de ses yeux avait trahi les jouissances de sa vanité quand le duc de Parme lui avait fait offrir la main de sa sœur (il avait alors, en essayant de dissimuler son plaisir, serré les dents et fait une grimace qui lui était habituelle et qui déplaisait à Alexis) et le ton méprisant dont il parlait à Lucretia qui faisait profession de ne pas aimer sa musique.

Souvent, ses parents faisaient allusion à d'autres actes de son oncle qu'Alexis ignorait, mais qu'il entendait vivement blâmer.

Mais tous les défauts de Baldassare, sa grimace vulgaire, avaient certainement disparu. Quand son oncle avait su que dans deux ans peut-être il serait mort, combien les moqueries de Jean Galeas, l'amitié du duc de Parme et sa propre musique avaient dû lui devenir indifférentes. Alexis se le représentait aussi beau, mais solennel et plus parfait encore qu'il ne l'était auparavant. Oui, solennel et déjà plus tout à fait de ce monde. Aussi à son désespoir se mêlait un peu d'inquiétude et d'effroi.

Les chevaux étaient attelés depuis longtemps, il fallait partir ; il monta dans la voiture, puis redescendit pour aller demander un dernier conseil à son précepteur. Au moment de parler, il devint très rouge :

« Monsieur Legrand, vaut-il mieux que mon oncle croie ou ne croie pas que je sais qu'il sait qu'il doit mourir ?

– Qu'il ne le croie pas, Alexis !

– Mais, s'il m'en parle ?

– Il ne vous en parlera pas.

– Il ne m'en parlera pas ? » dit Alexis étonné, car c'était la seule alternative qu'il n'eût pas prévue : chaque fois qu'il commençait à imaginer sa visite à son oncle, il l'entendait lui parler de la mort avec la douceur d'un prêtre.

« Mais, enfin, s'il m'en parle ?

– Vous direz qu'il se trompe.

– Et si je pleure ?

– Vous avez trop pleuré ce matin, vous ne pleurerez pas chez lui.

– Je ne pleurerai pas ! s'écria Alexis avec désespoir, mais il croira que je n'ai pas de chagrin, que je ne l'aime pas… mon petit oncle ! »

Et il se mit à fondre en larmes. Sa mère, impatientée d'attendre, vint le chercher ; ils partirent.

Quand Alexis eut donné son petit paletot à un valet en livrée verte et blanche, aux armes de Sylvanie, qui se tenait dans le vestibule, il s'arrêta un moment avec sa mère à écouter un air de violon qui venait d'une chambre voisine. Puis, on les conduisit dans une immense pièce ronde entièrement vitrée où le vicomte se tenait souvent. En entrant, on voyait en face de soi la mer, et, en tournant la tête, des pelouses, des pâturages et des bois ; au fond de la pièce, il y avait deux chats, des roses, des pavots et beaucoup d'instruments de musique. Ils attendirent un instant.

Alexis se jeta sur sa mère, elle crut qu'il voulait l'embrasser, mais il lui demanda tout bas, sa bouche collée à son oreille :

« Quel âge a mon oncle ?

– Il aura trente-six ans au mois de juin. »

Il voulut demander : « Crois-tu qu'il aura jamais trente-six ans ? » mais il n'osa pas.

Une porte s'ouvrit, Alexis trembla, un domestique dit :

« Monsieur le vicomte vient à l'instant. »

Bientôt le domestique revint faisant entrer deux paons et un chevreau que le vicomte emmenait partout avec lui. Puis on entendit de nouveaux pas et la porte s'ouvrit encore.

« Ce n'est rien, se dit Alexis dont le cœur battait chaque fois qu'il entendait du bruit, c'est sans doute un

domestique, oui, bien probablement un domestique. »
Mais en même temps, il entendait une voix douce :

« Bonjour, mon petit Alexis, je te souhaite une bonne
fête. »

Et son oncle en l'embrassant lui fit peur. Il s'en aperçut
sans doute et sans plus s'occuper de lui, pour lui laisser
le temps de se remettre, il se mit à causer gaiement avec la
mère d'Alexis, sa belle-sœur, qui, depuis la mort de sa
mère, était l'être qu'il aimait le plus au monde.

Maintenant, Alexis, rassuré, n'éprouvait plus qu'une
immense tendresse pour ce jeune homme encore si charmant, à peine plus pâle, héroïque au point de jouer la
gaieté dans ces minutes tragiques. Il aurait voulu se jeter
à son cou et n'osait pas, craignant de briser l'énergie de
son oncle qui ne pourrait plus rester maître de lui. Le
regard triste et doux du vicomte lui donnait surtout
envie de pleurer. Alexis savait que toujours ses yeux
avaient été tristes et même, dans les moments les plus
heureux, semblaient implorer une consolation pour des
maux qu'il ne paraissait pas ressentir. Mais, à ce
moment, il crut que la tristesse de son oncle, courageu-
sement bannie de sa conversation, s'était réfugiée dans
ses yeux qui, seuls, dans toute sa personne, étaient alors
sincères avec ses joues maigries.

« Je sais que tu aimerais conduire une voiture à deux
chevaux, mon petit Alexis, dit Baldassare, on t'amènera
demain un cheval. L'année prochaine, je compléterai la
paire et, dans deux ans, je te donnerai la voiture. Mais,
peut-être, cette année, pourras-tu toujours monter le
cheval, nous l'essayerons à mon retour. Car je pars déci-
dément demain, ajouta-t-il, mais pas pour longtemps.
Avant un mois je serai revenu et nous irons ensemble en

matinée, tu sais, voir la comédie où je t'ai promis de te conduire. »

Alexis savait que son oncle allait passer quelques semaines chez un de ses amis, il savait aussi qu'on permettait encore à son oncle d'aller au théâtre ; mais tout pénétré qu'il était de cette idée de la mort qui l'avait profondément bouleversé avant d'aller chez son oncle, ses paroles lui causèrent un étonnement douloureux et profond.

« Je n'irai pas, se dit-il. Comme il souffrirait d'entendre les bouffonneries des acteurs et le rire du public ! »

« Quel est ce joli air de violon que nous avons entendu en entrant ? demanda la mère d'Alexis.

– Ah ! vous l'avez trouvé joli ? dit vivement Baldassare d'un air joyeux. C'est la romance dont je vous avais parlé. »

« Joue-t-il la comédie ? se demanda Alexis. Comment le succès de sa musique peut-il encore lui faire plaisir ? »

À ce moment, la figure du vicomte prit une expression de douleur profonde ; ses joues avaient pâli, il fronça les lèvres et les sourcils, ses yeux s'emplirent de larmes.

« Mon Dieu ! s'écria intérieurement Alexis, ce rôle est au-dessus de ses forces. Mon pauvre oncle ! Mais aussi pourquoi craint-il tant de nous faire de la peine ? Pourquoi prendre à ce point sur lui ? »

Mais les douleurs de la paralysie générale qui serraient parfois Baldassare comme dans un corset de fer jusqu'à lui laisser sur le corps des marques de coups, et dont l'acuité venait de contracter malgré lui son visage, s'étaient dissipées.

Il se remit à causer avec bonne humeur, après s'être essuyé les yeux.

« Il me semble que le duc de Parme est moins aimable pour toi depuis quelque temps ? demanda maladroitement la mère d'Alexis.

– Le duc de Parme ! s'écria Baldassare furieux, le duc de Parme moins aimable ! mais à quoi pensez-vous, ma chère ? Il m'a encore écrit ce matin pour mettre son château d'Illyrie à ma disposition si l'air des montagnes pouvait me faire du bien. »

Il se leva vivement, mais réveilla en même temps sa douleur atroce, il dut s'arrêter un moment ; à peine elle fut calmée, il appela :

« Donnez-moi la lettre qui est près de mon lit. »

Et il lut vivement :

« Mon cher Baldassare,

« Combien je m'ennuie de ne pas vous voir, etc., etc. »

Au fur et à mesure que se développait l'amabilité du prince, la figure de Baldassare s'adoucissait, brillait d'une confiance heureuse. Tout à coup, voulant sans doute dissimuler une joie qu'il ne jugeait pas très élevée, il serra les dents et fit la jolie petite grimace vulgaire qu'Alexis avait crue à jamais bannie de sa face pacifiée par la mort.

En plissant comme autrefois la bouche de Baldassare, cette petite grimace dessilla les yeux d'Alexis qui depuis qu'il était près de son oncle avait cru, avait voulu contempler le visage d'un mourant à jamais détaché des réalités vulgaires et où ne pouvait plus flotter qu'un sourire héroïquement contraint, tristement tendre, céleste et désenchanté. Maintenant il ne douta plus que Jean

Galeas, en taquinant son oncle, l'aurait mis, comme auparavant, en colère, que dans la gaieté du malade, dans son désir d'aller au théâtre il n'entrait ni dissimulation ni courage, et qu'arrivé si près de la mort, Baldassare continuait à ne penser qu'à la vie.

En rentrant chez lui, Alexis fut vivement frappé par cette pensée que lui aussi mourrait un jour, et que s'il avait encore devant lui beaucoup plus de temps que son oncle, le vieux jardinier de Baldassare et sa cousine, la duchesse d'Alériouvres, ne lui survivraient certainement pas longtemps. Pourtant, assez riche pour se retirer, Rocco continuait à travailler sans cesse pour gagner plus d'argent encore, et tâchait d'obtenir un prix pour ses roses. La duchesse, malgré ses soixante-dix ans, prenait grand soin de se teindre, et, dans les journaux, payait des articles où l'on célébrait la jeunesse de sa démarche, l'élégance de ses réceptions, les raffinements de sa table et de son esprit.

Ces exemples ne diminuèrent pas l'étonnement où l'attitude de son oncle avait plongé Alexis, mais lui en inspiraient un pareil qui, gagnant de proche en proche, s'étendit comme une stupéfaction immense sur le scandale universel de ces existences dont il n'exceptait pas la sienne propre, marchant à la mort à reculons, en regardant la vie.

Résolu à ne pas imiter une aberration si choquante, il décida, à l'imitation des anciens prophètes dont on lui avait enseigné la gloire, de se retirer dans le désert avec quelques-uns de ses petits amis et en fit part à ses parents.

Heureusement, plus puissante que leurs moqueries, la vie dont il n'avait pas encore épuisé le lait fortifiant et doux tendit son sein pour le dissuader. Et il se remit à y

boire avec une avidité joyeuse dont son imagination cré-
dule et riche écoutait naïvement les doléances et répa-
rait magnifiquement les déboires.

II

« La chair est triste, hélas… »
STÉPHANE MALLARMÉ

Le lendemain de la visite d'Alexis, le vicomte de Sylvanie était parti pour le château voisin où il devait passer trois ou quatre semaines et où la présence de
nombreux invités pouvait distraire la tristesse qui sui-
vait souvent ses crises.

Bientôt tous les plaisirs s'y résumèrent pour lui dans
la compagnie d'une jeune femme qui les lui doublait en
les partageant. Il crut sentir qu'elle l'aimait, mais garda
pourtant quelque réserve avec elle : il la savait absolument pure, attendant impatiemment d'ailleurs l'arrivée
de son mari ; puis il n'était pas sûr de l'aimer véritablement et sentait vaguement quel péché ce serait de
l'entraîner à mal faire. À quel moment leurs rapports
avaient-ils été dénaturés, il ne put jamais se le rappeler.
Maintenant, comme en vertu d'une entente tacite, et dont
il ne pouvait déterminer l'époque, il lui baisait les poignets et lui passait la main autour du cou. Elle paraissait
si heureuse qu'un soir il fit plus : il commença par
l'embrasser ; puis il la caressa longuement et de nouveau
l'embrassa sur les yeux, sur la joue, sur la lèvre, dans le
cou, aux coins du nez. La bouche de la jeune femme allait
en souriant au-devant des caresses, et ses regards

brillaient dans leurs profondeurs comme une eau tiède de soleil. Les caresses de Baldassare cependant étaient devenues plus hardies ; à un moment il la regarda ; il fut frappé de sa pâleur, du désespoir infini qu'exprimaient son front mort, ses yeux navrés et las qui pleuraient, en regards plus tristes que des larmes, comme la torture endurée pendant une mise en croix ou après la perte irréparable d'un être adoré. Il la considéra un instant ; et alors dans un effort suprême elle leva vers lui ses yeux suppliants qui demandaient grâce, en même temps que sa bouche avide, d'un mouvement inconscient et convulsif, redemandait des baisers.

Repris tous deux par le plaisir qui flottait autour d'eux dans le parfum de leurs baisers et le souvenir de leurs caresses, ils se jetèrent l'un sur l'autre en fermant désormais les yeux, ces yeux cruels qui leur montraient la détresse de leurs âmes, ils ne voulaient pas la voir et lui surtout fermait les yeux de toutes ses forces comme un bourreau pris de remords et qui sent que son bras tremblerait au moment de frapper sa victime, si au lieu de l'imaginer encore excitante pour sa rage et le forçant à l'assouvir, il pouvait la regarder en face et ressentir un moment sa douleur.

La nuit était venue et elle était encore dans sa chambre, les yeux vagues et sans larmes. Elle partit sans lui dire un mot, en baisant sa main avec une tristesse passionnée.

Lui pourtant ne pouvait dormir et s'il s'assoupissait un moment, frissonnait en sentant levés sur lui les yeux suppliants et désespérés de la douce victime. Tout à coup, il se la représenta telle qu'elle devait être maintenant, ne pouvant dormir non plus et se sentant si seule.

Il s'habilla, marcha doucement jusqu'à sa chambre, n'osant pas faire de bruit pour ne pas la réveiller si elle dormait, n'osant pas non plus rentrer dans sa chambre à lui où le ciel et la terre et son âme l'étouffaient de leur poids. Il resta là, au seuil de la chambre de la jeune femme, croyant à tout moment qu'il ne pourrait se contenir un instant de plus et qu'il allait entrer ; puis, épouvanté à la pensée de rompre ce doux oubli qu'elle dormait d'une haleine dont il percevait la douceur égale, pour la livrer cruellement au remords et au désespoir, hors des prises de qui elle trouvait un moment le repos, il resta là au seuil, tantôt assis, tantôt à genoux, tantôt couché. Au matin, il rentra dans sa chambre, frileux et calmé, dormit longtemps et se réveilla plein de bien-être.

Ils s'ingénièrent réciproquement à rassurer leurs consciences, ils s'habituèrent aux remords qui diminuèrent, au plaisir qui devint aussi moins vif, et, quand il retourna en Sylvanie, il ne garda comme elle qu'un souvenir doux et un peu froid de ces minutes enflammées et cruelles.

III

> « Sa jeunesse lui fait du bruit, il n'entend pas. »
>
> MME DE SÉVIGNÉ

Quand Alexis, le jour de ses quatorze ans, alla voir son oncle Baldassare, il ne sentit pas se renouveler, comme il s'y était attendu, les violentes émotions de l'année précédente. Les courses incessantes sur le cheval que son oncle lui avait donné, en développant ses forces, avaient lassé tout son énervement et avivaient en lui ce sentiment continu de la bonne santé, qui s'ajoute alors à la jeunesse, comme la conscience obscure de la profondeur de ses ressources et de la puissance de son allégresse. À sentir, sous la brise éveillée par son galop, sa poitrine gonflée comme une voile, son corps brûlant comme un feu d'hiver et son front aussi frais que les feuillages fugitifs qui le ceignaient au passage, à raidir en rentrant son corps sous l'eau froide ou à le délasser longuement pendant les digestions savoureuses, il exaltait en lui ces puissances de la vie qui, après avoir été l'orgueil tumultueux de Baldassare, s'étaient à jamais retirées de lui pour aller réjouir des âmes plus jeunes, qu'un jour pourtant elles déserteraient aussi.

Rien en Alexis ne pouvait plus défaillir de la faiblesse de son oncle, mourir à sa fin prochaine. Le bourdonnement joyeux de son sang dans ses veines et de ses désirs dans sa tête l'empêchait d'entendre les plaintes exténuées du malade. Alexis était entré dans cette période ardente où le corps travaille si robustement à élever ses palais entre lui et l'âme qu'elle semble bientôt avoir disparu jusqu'au jour où la maladie ou le chagrin ont lentement miné la douloureuse fissure au bout de laquelle *elle* réapparaît. Il s'était habitué à la maladie mortelle de son oncle comme à tout ce qui dure autour de nous, et bien qu'il vécût encore, parce qu'il lui avait fait pleurer une fois ce que nous font pleurer les morts, il avait agi avec lui comme avec un mort, il avait commencé à oublier.

Quand son oncle lui dit ce jour-là : « Mon petit Alexis, je te donne la voiture en même temps que le second cheval », il avait compris que son oncle pensait :

« parce que sans cela tu risquerais de ne jamais avoir la voiture », et il savait que c'était une pensée extrêmement triste. Mais il ne la sentait pas comme telle, parce que actuellement il n'y avait plus de place en lui pour la tristesse profonde.

Quelques jours après, il fut frappé dans une lecture par le portrait d'un scélérat que les plus touchantes tendresses d'un mourant qui l'adorait n'avaient pas ému.

Le soir venu, la crainte d'être le scélérat dans lequel il avait cru se reconnaître l'empêcha de s'endormir. Mais le lendemain, il fit une si belle promenade à cheval, travailla si bien, se sentit d'ailleurs tant de tendresse pour ses parents vivants qu'il recommença à jouir sans scrupules et à dormir sans remords.

Cependant le vicomte de Sylvanie, qui commençait à ne plus pouvoir marcher, ne sortait plus guère du château. Ses amis et ses parents passaient toute la journée avec lui, et il pouvait avouer la folie la plus blâmable, la dépense la plus absurde, faire montre du paradoxe ou laisser entrevoir le défaut le plus choquant sans que ses parents lui fissent des reproches, que ses amis se permissent une plaisanterie ou une contradiction. Il semblait que tacitement on lui eût ôté la responsabilité de ses actes et de ses paroles. Il semblait surtout qu'on voulût l'empêcher d'entendre à force de les ouater de douceur, sinon de les vaincre par des caresses, les derniers grincements de son corps que quittait la vie.

Il passait de longues et charmantes heures couché en tête à tête avec soi-même, le seul convive qu'il eût négligé d'inviter à souper pendant sa vie. Il éprouvait à parer son corps dolent, à accouder sa résignation à la fenêtre en regardant la mer, une joie mélancolique. Il environnait des images de ce monde dont il était encore tout plein, mais que l'éloignement, en l'en détachant déjà, lui rendait vagues et belles, la scène de sa mort, depuis longtemps préméditée mais sans cesse retouchée, ainsi qu'une œuvre d'art, avec une tristesse ardente. Déjà s'esquissaient dans son imagination ses adieux à la duchesse Oliviane, sa grande amie platonique, sur le salon de laquelle il régnait, malgré que tous les plus grands seigneurs, les plus glorieux artistes et les plus gens d'esprit d'Europe y fussent réunis. Il lui semblait déjà lire le récit de leur dernier entretien :

«… Le soleil était couché, et la mer qu'on apercevait à travers les pommiers était mauve. Légers comme de claires couronnes flétries et persistants comme des regrets, de petits nuages bleus et roses flottaient à l'horizon. Une file mélancolique de peupliers plongeait dans l'ombre, la tête résignée dans un rose d'église ; les derniers rayons, sans toucher leurs troncs, teignaient leurs branches, accrochant à ces balustrades d'ombre des guirlandes de lumière. La brise mêlait les trois odeurs de la mer, des feuilles humides et du lait. Jamais la campagne de Sylvanie n'avait adouci de plus de volupté la mélancolie du soir.

« Je vous ai beaucoup aimé, mais je vous ai peu donné, mon pauvre ami, lui dit-elle.

« – Que dites-vous, Oliviane ? Comment, vous m'avez peu donné ? Vous m'avez d'autant plus donné que je vous demandais moins et bien plus en vérité que si les sens avaient eu quelque part dans notre tendresse. Surnaturelle comme une madone, douce comme une nourrice, je vous ai adorée et vous m'avez bercé. Je vous aimais d'une affection dont aucune espérance de plaisir charnel ne venait déconcerter la sagacité sensible. Ne m'apportiez-vous pas en échange une amitié incomparable, un thé exquis, une conversation naturellement ornée, et combien de touffes de roses fraîches. Vous seule avez su de vos mains maternelles et expressives rafraîchir mon front brûlant de fièvre, couler du miel entre mes lèvres flétries, mettre dans ma vie de nobles images.

« "Chère amie, donnez-moi vos mains que je les baise…" »

Seule l'indifférence de Pia, petite princesse syracusaine, qu'il aimait encore avec tous ses sens et avec son cœur et qui s'était éprise pour Castruccio d'un amour invincible et furieux, le rappelait de temps en temps à une réalité plus cruelle, mais qu'il s'efforçait d'oublier. Jusqu'aux derniers jours, il avait encore été quelquefois dans des fêtes où, en se promenant à son bras, il croyait humilier son rival; mais là même, pendant qu'il marchait à côté d'elle, il sentait ses yeux profonds distraits d'un autre amour que seule sa pitié pour le malade lui faisait essayer de dissimuler. Et maintenant, cela même il ne le pouvait plus. L'incohérence des mouvements de ses jambes était devenue telle qu'il ne pouvait plus sortir. Mais elle venait souvent le voir, et comme si elle était entrée dans la grande conspiration de douceur des autres, elle lui parlait sans cesse avec une tendresse ingénieuse que ne démentait plus jamais comme autrefois le cri de son indifférence ou l'aveu de sa colère. Et plus que de toutes les autres, il sentait l'apaisement de cette douceur s'étendre sur lui et le ravir.

Mais voici qu'un jour, comme il se levait de sa chaise pour aller à table, son domestique étonné le vit marcher beaucoup mieux. Il fit demander le médecin qui attendit pour se prononcer. Le lendemain il marchait bien. Au bout de huit jours, on lui permit de sortir. Ses parents et ses amis conçurent alors un immense espoir. Le médecin crut que peut-être une simple maladie nerveuse guérissable avait affecté d'abord les symptômes de la paralysie générale, qui maintenant, en effet, commençaient à disparaître. Il présenta ses doutes à Baldassare comme une certitude et lui dit :

« Vous êtes sauvé ! »

Le condamné à mort laissa paraître une joie émue en apprenant sa grâce. Mais, au bout de quelque temps, le mieux s'étant accentué, une inquiétude aiguë commença à percer sous sa joie qu'avait déjà affaiblie une si courte habitude. À l'abri des intempéries de la vie, dans cette propice atmosphère de douceur ambiante, de calme forcé et de libre méditation, avait obscurément commencé de germer en lui le désir de la mort. Il était loin de s'en douter encore et sentit seulement un vague effroi à la pensée de recommencer à vivre, à essuyer les coups dont il avait perdu l'habitude et de perdre les caresses dont on l'avait entouré. Il sentit aussi confusément qu'il serait mal de s'oublier dans le plaisir ou dans l'action, maintenant qu'il avait fait connaissance avec lui-même, avec le fraternel étranger qui, tandis qu'il regardait les barques sillonner la mer, avait conversé avec lui pendant des heures, et si loin, et si près, en lui-même. Comme si maintenant il sentait un nouvel amour natal encore inconnu s'éveiller en lui, ainsi qu'en un jeune homme qui aurait été trompé sur le lieu de sa patrie première, il éprouvait la nostalgie de la mort, où c'était d'abord comme pour un éternel exil qu'il s'était senti partir.

Il émit une idée, et Jean Galeas, qui le savait guéri, le contredit violemment et le plaisanta. Sa belle-sœur, qui depuis deux mois venait le matin et le soir resta deux jours sans venir le voir. C'en était trop ! Il y avait trop longtemps qu'il s'était déshabitué du bât de la vie, il ne voulait plus le reprendre. C'est qu'elle ne l'avait pas ressaisi par ses charmes. Ses forces revinrent et avec elles tous ses désirs de vivre ; il sortit, recommença à vivre et mourut une deuxième fois à lui-même. Au bout d'un mois, les symptômes de la paralysie générale reparurent. Peu à peu, comme autrefois, la marche lui devint difficile, impossible, assez progressivement pour qu'il pût s'habituer à son retour vers la mort et avoir le temps de détourner la tête. La rechute n'eut même pas la vertu qu'avait eue la première attaque vers la fin de laquelle il avait commencé à se détacher de la vie, non pour la voir encore dans sa réalité, mais pour la regarder, comme un tableau. Maintenant, au contraire, il était de plus en plus vaniteux, irascible, brûlé du regret des plaisirs qu'il ne pouvait plus goûter.

Sa belle-sœur, qu'il aimait tendrement, mettait seule un peu de douceur dans sa fin en venant plusieurs fois par jour avec Alexis.

Une après-midi qu'elle allait voir le vicomte, presque au moment d'arriver chez lui, ses chevaux prirent peur ; elle fut projetée violemment à terre, foulée par un cavalier, qui passait au galop, et emportée chez Baldassare sans connaissance, le crâne ouvert.

Le cocher, qui n'avait pas été blessé, vint tout de suite annoncer l'accident au vicomte, dont la figure jaunit. Ses dents s'étaient serrées, ses yeux luisaient débordant de l'orbite, et, dans un accès de colère terrible, il invectiva longtemps le cocher; mais il semblait que les éclats de sa violence essayaient de dissimuler un appel douloureux qui, dans leurs intervalles, se laissait doucement entendre. On eût dit qu'un malade se plaignait à côté du vicomte furieux. Bientôt cette plainte, faible d'abord, étouffa les cris de sa colère, et il tomba en sanglotant sur une chaise.

Puis il voulut se faire laver la figure pour que sa belle-sœur ne fût pas inquiétée par les traces de son chagrin. Le domestique secoua tristement la tête, la malade n'avait pas repris connaissance. Le vicomte passa deux jours et deux nuits désespérés auprès de sa belle-sœur. À chaque instant, elle pouvait mourir. La seconde nuit, on tenta une opération hasardeuse. Le matin du troisième jour, la fièvre était tombée, et la malade regardait en souriant Baldassare qui, ne pouvant plus contenir ses larmes, pleurait de joie sans s'arrêter. Quand la mort était venue à lui peu à peu il n'avait pas voulu la voir; maintenant il s'était trouvé subitement en sa présence. Elle l'avait épouvanté en menaçant ce qu'il avait de plus cher; il l'avait suppliée, il l'avait fléchie.

Il se sentait fort et libre, fier de sentir que sa propre vie ne lui était pas précieuse autant que celle de sa belle-sœur, et qu'il éprouvait autant de mépris pour elle que l'autre lui avait inspiré de pitié. C'était la mort maintenant qu'il regardait en face, et non les scènes qui entoureraient sa mort. Il voulait rester tel jusqu'à la fin, ne plus être repris par le mensonge, qui, en voulant lui faire une belle et célèbre agonie, aurait mis le comble à ses profanations en souillant les mystères de sa mort comme il lui avait dérobé les mystères de sa vie.

IV

> « Demain, puis demain, puis demain
> glisse ainsi à petits pas jusqu'à la dernière
> syllabe que le temps écrit dans son livre.
> Et tous nos hiers ont éclairé pour quelques
> fous le chemin de la mort poudreuse.
> Éteins-toi ! Éteins-toi, court flambeau ! La
> vie n'est qu'une ombre errante, un pauvre
> comédien qui se pavane et se lamente
> pendant son heure sur le théâtre et
> qu'après on n'entend plus. C'est un conte,
> dit par un idiot, plein de fracas et de furie,
> et qui ne signifie rien. »
>
> SHAKESPEARE, *Macbeth*

Les émotions, les fatigues de Baldassare pendant la maladie de sa belle-sœur avaient précipité la marche de la sienne. Il venait d'apprendre de son confesseur qu'il n'avait plus un mois à vivre ; il était dix heures du matin, il pleuvait à verse. Une voiture s'arrêta devant le château. C'était la duchesse Oliviane. Il s'était dit alors qu'il ornait harmonieusement les scènes de sa mort :

« … Ce sera par une claire soirée. Le soleil sera couché, et la mer qu'on apercevra entre les pommiers sera mauve. Légers comme de claires couronnes flétries et persistants comme des regrets, de petits nuages bleus et roses flotteront à l'horizon… »

Ce fut à dix heures du matin, sous un ciel bas et sale, par une pluie battante, que vint la duchesse Oliviane ; et fatigué par son mal, tout entier à des intérêts plus élevés, et ne sentant plus la grâce des choses qui jadis lui avaient paru le prix, le charme et la gloire raffinée de la vie, il demanda qu'on dît à la duchesse qu'il était trop faible. Elle fit insister, mais il ne voulut pas la recevoir. Ce ne fut même pas par devoir : elle ne lui était plus rien. La mort avait vite fait de rompre ces liens dont il redoutait tant depuis quelques semaines l'esclavage. En essayant de penser à elle, il ne vit rien apparaître aux yeux de son esprit : ceux de son imagination et de sa vanité s'étaient clos.

Pourtant, une semaine à peu près avant sa mort, l'annonce d'un bal chez la duchesse de Bohême où Pia devait conduire le cotillon avec Castruccio qui partait le lendemain pour le Dancmark, réveilla furieusement sa jalousie. Il demanda qu'on fît venir Pia ; sa belle-sœur résista un peu ; il crut qu'on l'empêchait de la voir, qu'on le persécutait, se mit en colère, et pour ne pas le tourmenter, on la fit chercher aussitôt.

Quand elle arriva, il était tout à fait calme, mais d'une tristesse profonde. Il l'attira près de son lit et lui parla tout de suite du bal de la duchesse de Bohême. Il lui dit :

« Nous n'étions pas parents, vous ne porterez pas mon deuil, mais je veux vous adresser une prière : N'allez pas à ce bal, promettez-le-moi. »

Ils se regardaient dans les yeux, se montrant au bord des prunelles leurs âmes, leurs âmes mélancoliques et passionnées que la mort n'avait pu réunir.

Il comprit son hésitation, contracta douloureusement ses lèvres et doucement lui dit :

« Oh ! ne promettez plutôt pas ! ne manquez pas à une promesse faite à un mourant. Si vous n'êtes pas sûre de vous, ne promettez pas.

— Je ne peux pas vous le promettre, je ne l'ai pas vu

depuis deux mois et ne le reverrai peut-être jamais ; je resterais inconsolable pour l'éternité de n'avoir pas été à ce bal.

– Vous avez raison, puisque vous l'aimez, qu'on peut mourir... et que vous vivez encore de toutes vos forces... Mais vous ferez un peu pour moi ; sur le temps que vous passerez à ce bal, prélevez celui que, pour dérouter les soupçons, vous auriez été obligée de passer avec moi. Invitez mon âme à se souvenir quelques instants avec vous, ayez quelque pensée pour moi.

– J'ose à peine vous le promettre, le bal durera si peu. En ne le quittant pas, j'aurai à peine le temps de le voir. Je vous donnerai un moment tous les jours qui suivront.

– Vous ne le pourrez pas, vous m'oublierez ; mais si, après un an, hélas ! plus peut-être, une lecture triste, une mort, une soirée pluvieuse vous font penser à moi, quelle charité vous me ferez ! Je ne pourrai plus jamais, jamais vous voir... qu'en âme, et pour cela il faudrait que nous pensions l'un à l'autre ensemble. Moi je penserai à vous toujours pour que mon âme vous soit sans cesse ouverte s'il vous plaisait d'y entrer. Mais que l'invitée se fera long-temps attendre ! Les pluies de novembre auront pourri les fleurs de ma tombe, juin les aura brûlées et mon âme pleurera toujours d'impatience. Ah ! j'espère qu'un jour la vue d'un souvenir, le retour d'un anniversaire, la pente de vos pensées mènera votre mémoire aux alentours de ma tendresse ; alors ce sera comme si je vous avais enten-due, aperçue, un enchantement aura tout fleuri pour votre venue. Pensez au mort. Mais, hélas ! puis-je espérer que la mort et votre gravité accompliront ce que la vie avec ses ardeurs, et nos larmes, et nos gaietés, et nos lèvres n'avaient pu faire. »

V

« Voilà un noble cœur qui se brise.
« Bonne nuit, aimable prince, et que
des essaims d'anges bercent en chantant
ton sommeil. »

SHAKESPEARE, *Hamlet*

Cependant une fièvre violente accompagnée de délire ne quittait plus le vicomte ; on avait dressé son lit dans la vaste rotonde où Alexis l'avait vu le jour de ses treize ans, l'avait vu si joyeux encore, et d'où le malade pouvait regarder à la fois la mer, la jetée du port et de l'autre côté les pâturages et les bois. De temps en temps, il se mettait à parler ; mais ses paroles ne portaient plus la trace des pensées d'en haut qui, pendant les dernières semaines, l'avaient purifié de leur visite. Dans des imprécations violentes contre une personne invisible qui le plaisantait, il répétait sans cesse qu'il était le premier musicien du siècle et le plus grand seigneur de l'univers. Puis, soudain calmé, il disait à son cocher de le mener dans un bouge, de faire seller les chevaux pour la chasse. Il demandait du papier à lettres pour convier à dîner tous les souverains d'Europe à l'occasion de son mariage avec la sœur du duc de Parme ; effrayé de ne pouvoir payer une dette de jeu, il prenait le couteau à papier placé près de son lit et le braquait devant lui comme un revolver. Il envoyait des messagers s'informer si l'homme de police qu'il avait rossé la nuit dernière n'était pas mort et il disait en riant, à une personne dont il croyait tenir la main, des mots obscènes. Ces anges exterminateurs qu'on appelle Volonté, Pensée, n'étaient

33

plus là pour faire rentrer dans l'ombre les mauvais esprits de ses sens et les basses émanations de sa mémoire. Au bout de trois jours, vers cinq heures, il se réveilla comme d'un mauvais rêve dont on n'est pas responsable, mais dont on se souvient vaguement. Il demanda si des amis ou des parents avaient été près de lui pendant ces heures où il n'avait donné l'image que de la partie infime, la plus ancienne et la plus morte de lui-même, et il pria, s'il était repris par le délire, qu'on les fît immédiatement sortir et qu'on ne les laissât rentrer que quand il aurait repris connaissance.

Il leva les yeux autour de lui dans la chambre, et regarda en souriant son chat noir qui, monté sur un vase de Chine, jouait avec un chrysanthème et respirait la fleur avec un geste de mime. Il fit sortir tout le monde et s'entretint longuement avec le prêtre qui le veillait. Pourtant, il refusa de communier et demanda au médecin de dire que l'estomac n'était plus en état de supporter l'hostie. Au bout d'une heure il fit dire à sa belle-sœur et à Jean Galeas de rentrer. Il dit :

« Je suis résigné, je suis heureux de mourir et d'aller devant Dieu. »

L'air était si doux qu'on ouvrit les fenêtres qui regardaient la mer sans la voir, et à cause du vent trop vif on laissa fermées celles d'en face, devant qui s'étendaient les pâturages et les bois.

Baldassare fit traîner son lit près des fenêtres ouvertes. Un bateau, mené à la mer par des marins qui sur la jetée tiraient la corde, partait. Un beau mousse d'une quinzaine d'années se penchait à l'avant, tout au bord ; à chaque vague, on croyait qu'il allait tomber dans l'eau, mais il se tenait ferme sur ses jambes solides. Il tendait le filet pour ramener le poisson et tenait une pipe chaude entre ses lèvres salées par le vent. Et le même vent qui enflait la voile venait rafraîchir les joues de Baldassare et fit voler un papier dans la chambre. Il détourna la tête pour ne plus voir cette image heureuse des plaisirs qu'il avait passionnément aimés et qu'il ne goûterait plus. Il regarda le port : un trois-mâts appareillait.

« C'est le bateau qui part pour les Indes », dit Jean Galeas.

Baldassare ne distinguait pas les gens debout sur le pont qui levaient des mouchoirs, mais il devinait la soif d'inconnu qui altérait leurs yeux; ceux-là avaient encore beaucoup à vivre, à connaître, à sentir. On leva l'ancre, un cri s'éleva, et le bateau s'ébranla sur la mer sombre vers l'occident où, dans une brume dorée, la lumière mêlait les petits bateaux et les nuages et murmurait aux voyageurs des promesses irrésistibles et vagues.

Baldassare fit fermer les fenêtres de ce côté de la rotonde et ouvrir celles qui donnaient sur les pâturages et les bois. Il regarda les champs, mais il entendait encore le cri d'adieu poussé sur le trois-mâts, et il voyait le mousse, la pipe entre les dents, qui tendait ses filets.

La main de Baldassare remuait fiévreusement. Tout à coup il entendit un petit bruit argentin, imperceptible et profond comme un battement de cœur. C'était le son des cloches d'un village extrêmement éloigné, qui, par la grâce de l'air si limpide ce soir-là et de la brise propice, avait traversé bien des lieues de plaines et de rivières avant d'arriver jusqu'à lui pour être recueilli par son oreille fidèle. C'était une voix présente et bien ancienne; maintenant il entendait son cœur battre avec leur vol harmonieux, suspendu au moment où elles semblent

aspirer le son, et s'exhalant après longuement et faiblement avec elles. À toutes les époques de sa vie, dès qu'il
entendait le son lointain des cloches, il se rappelait malgré lui leur douceur dans l'air du soir, quand, petit
enfant encore, il rentrait au château, par les champs.

À ce moment, le médecin fit approcher tout le monde,
ayant dit :

« C'est la fin ! »

Baldassare reposait, les yeux fermés, et son cœur
écoutait les cloches que son oreille paralysée par la mort
voisine n'entendait plus. Il revit sa mère quand elle
l'embrassait en rentrant, puis quand elle le couchait le
soir et réchauffait ses pieds dans ses mains, restant près
de lui s'il ne pouvait pas s'endormir ; il se rappela son
Robinson Crusoé et les soirées au jardin quand sa sœur
chantait, les paroles de son précepteur qui prédisait
qu'il serait un jour un grand musicien, et l'émotion de
sa mère alors, qu'elle s'efforçait en vain de cacher.
Maintenant il n'était plus temps de réaliser l'attente
passionnée de sa mère et de sa sœur qu'il avait si cruellement trompée. Il revit le grand tilleul sous lequel il
s'était fiancé et le jour de la rupture de ses fiançailles,
où sa mère seule avait su le consoler. Il crut embrasser
sa vieille bonne et tenir son premier violon. Il revit tout
cela dans un lointain lumineux doux et triste comme
celui que les fenêtres du côté des champs regardaient
sans le voir.

Il revit tout cela, et pourtant deux secondes ne
s'étaient pas écoulées depuis que le docteur écoutant son
cœur avait dit :

« C'est la fin ! »

Il se releva en disant :

« C'est fini ! »

Alexis, sa mère et Jean Galeas se mirent à genoux avec le duc de Parme qui venait d'arriver. Les domestiques pleuraient devant la porte ouverte.

Octobre 1894

VIOLANTE

OU

LA MONDANITÉ

> « Ayez peu de commerce avec les jeunes gens et les personnes du monde… Ne désirez point de paraître devant les grands. »
>
> *Imitation de Jésus-Christ,*
> LIV. I, CH. VIII

CHAPITRE PREMIER
ENFANCE MÉDITATIVE DE VIOLANTE

La vicomtesse de Styrie était généreuse et tendre et toute pénétrée d'une grâce qui charmait. L'esprit du vicomte son mari était extrêmement vif, et les traits de sa figure d'une régularité admirable. Mais le premier grenadier venu était plus sensible et moins vulgaire. Ils élevèrent loin du monde, dans le rustique domaine de Styrie, leur fille Violante, qui, belle et vive comme son père, charitable et mystérieusement séduisante autant que sa mère, semblait unir les qualités de ses parents dans une proportion parfaitement harmonieuse. Mais les aspirations changeantes de son cœur et de sa pensée ne rencontraient pas en elle une volonté qui, sans les limiter, les dirigeât, l'empêchât de devenir leur jouet charmant et fragile. Ce manque de volonté inspirait à la mère de Violante des inquiétudes qui eussent pu, avec le temps, être fécondes, si dans un accident de chasse, la vicomtesse n'avait péri violemment avec son mari, laissant Violante orpheline à l'âge de quinze ans. Vivant presque seule, sous la garde vigilante mais maladroite du vieil Augustin, son précepteur et l'intendant du château de Styrie, Violante, à défaut d'amis, se fit de ses rêves des compagnons charmants et à qui elle promettait alors de rester fidèle toute sa vie. Elle les promenait dans les allées du parc, par la campagne, les accoudait à la terrasse qui, fermant le domaine de Styrie, regarde la mer. Élevée par eux comme au-dessus d'elle-même, initiée par eux, Violante sentait tout le visible et pressentait un peu de l'invisible. Sa joie était infinie, interrompue de tristesses qui passaient encore la joie en douceur.

CHAPITRE II
SENSUALITÉ

> « Ne vous appuyez point sur un roseau qu'agite le vent et n'y mettez pas votre confiance, car toute chair est comme l'herbe et sa gloire passe comme la fleur des champs. »
> *Imitation de Jésus-Christ*

Sauf Augustin et quelques enfants du pays, Violante ne voyait personne. Seule une sœur puînée de sa mère, qui habitait Julianges, château situé à quelques heures de distance, visitait quelquefois Violante. Un jour qu'elle allait ainsi voir sa nièce, un de ses amis l'accompagna. Il s'appelait Honoré et avait seize ans. Il ne plut pas à Violante, mais revint. En se promenant dans une allée du parc, il lui apprit des choses fort inconvenantes dont elle ne se doutait pas. Elle en éprouva un plaisir très doux, mais dont elle eut honte aussitôt. Puis, comme le soleil s'était couché et qu'ils avaient marché longtemps, ils s'assirent sur un banc, sans doute pour regarder les reflets dont le ciel rose adoucissait la mer. Honoré se rapprocha de Violante pour qu'elle n'eût froid, agrafa sa fourrure sur son cou avec une ingénieuse lenteur et lui proposa d'essayer de mettre en pratique avec son aide les théories qu'il venait de lui enseigner dans le parc. Il voulut lui parler tout bas, approcha ses lèvres de l'oreille de Violante qui ne la retira pas ; mais ils entendirent du bruit dans la feuillée. « Ce n'est rien, dit tendrement Honoré. – C'est ma tante », dit Violante. C'était le vent. Mais Violante qui s'était levée, rafraîchie fort à propos par ce vent, ne voulut point se rasseoir et prit congé d'Honoré, malgré ses prières. Elle eut des remords, une crise de nerfs, et deux jours de suite fut très longue à s'endormir. Son souvenir lui était un oreiller brûlant qu'elle retournait sans cesse. Le surlendemain, Honoré demanda à la voir. Elle fit répondre qu'elle était partie en promenade. Honoré n'en crut rien et n'osa plus revenir. L'été suivant, elle repensa à Honoré avec tendresse, avec chagrin aussi, parce qu'elle le savait parti sur un navire comme matelot. Quand le soleil s'était couché dans la mer, assise sur le banc où il l'avait, il y a un an, conduite, elle s'efforçait à se rappeler les lèvres tendues d'Honoré, ses yeux verts à demi fermés, ses regards voyageurs comme des rayons et qui venaient poser sur elle un peu de chaude lumière vivante. Et par les nuits douces, par les nuits vastes et secrètes, quand la certitude que personne ne pouvait la voir exaltait son désir, elle entendait la voix d'Honoré lui dire à l'oreille les choses défendues. Elle l'évoquait tout entier, obsédant et offert comme une tentation. Un soir à dîner, elle regarda en soupirant l'intendant qui était assis en face d'elle.

« Je suis bien triste, mon Augustin, dit Violante. Personne ne m'aime, dit-elle encore.

– Pourtant, repartit Augustin, quand, il y a huit jours, j'étais allé à Julianges ranger la bibliothèque, j'ai entendu dire de vous : "Qu'elle est belle !"

– Par qui ? » dit tristement Violante.

Un faible sourire relevait à peine et bien mollement un coin de sa bouche comme on essaye de relever un rideau pour laisser entrer la gaieté du jour.

« Par ce jeune homme de l'an dernier, M. Honoré…

– Je le croyais sur mer, dit Violante.

– Il est revenu », dit Augustin.

Violante se leva aussitôt, alla presque chancelante jusqu'à sa chambre écrire à Honoré qu'il vînt la voir. En prenant la plume, elle eut un sentiment de bonheur, de puissance encore inconnu, le sentiment qu'elle arrangeait un peu de sa vie selon son caprice et pour sa volupté, qu'aux rouages de leurs deux destinées qui semblaient les emprisonner mécaniquement loin l'un de l'autre, elle pouvait tout de même donner un petit coup de pouce, qu'il apparaîtrait la nuit, sur la terrasse, autrement que dans la cruelle extase de son désir inassouvi, que ses tendresses inentendues – son perpétuel roman intérieur – et les choses avaient vraiment des avenues qui communiquaient et où elle allait s'élancer vers l'impossible qu'elle allait rendre viable en le créant. Le lendemain elle reçut la réponse d'Honoré, qu'elle alla lire en tremblant sur le banc où il l'avait embrassée.

« Mademoiselle,

« Je reçois votre lettre une heure avant le départ de mon navire. Nous n'avions relâché que pour huit jours, et je ne reviendrai que dans quatre ans. Daignez garder le souvenir de

« Votre respectueux et tendre

« HONORÉ. »

Alors, contemplant cette terrasse où il ne viendrait plus, où personne ne pourrait combler son désir, cette mer aussi qui l'enlevait à elle et lui donnait en échange, dans l'imagination de la jeune fille, un peu de son grand charme mystérieux et triste, charme des choses qui ne sont pas à nous, qui reflètent trop de cieux et baignent trop de rivages, Violante fondit en larmes.

« Mon pauvre Augustin, dit-elle le soir, il m'est arrivé un grand malheur. »

Le premier besoin des confidences naissait pour elle des premières déceptions de sa sensualité, aussi naturellement qu'il naît d'ordinaire des premières satisfactions de l'amour. Elle ne connaissait pas encore l'amour. Peu de temps après, elle en souffrit, qui est la seule manière dont on apprenne à le connaître.

CHAPITRE III
PEINES D'AMOUR

Violante fut amoureuse, c'est-à-dire qu'un jeune Anglais qui s'appelait Laurence fut pendant plusieurs mois l'objet de ses pensées les plus insignifiantes, le but de ses plus importantes actions. Elle avait chassé une fois avec lui et ne comprenait pas pourquoi le désir de le revoir assujettissait sa pensée, la poussait sur les chemins à sa rencontre, éloignait d'elle le sommeil, détruisait son repos et son bonheur. Violante était éprise, elle fut dédaignée. Laurence aimait le monde, elle l'aima pour le suivre. Mais Laurence n'y avait pas de regards pour cette campagnarde de vingt ans. Elle tomba malade de chagrin et de jalousie, alla oublier Laurence aux Eaux de…, mais elle demeurait blessée dans son amour-propre de s'être vu préférer tant de femmes qui ne la valaient pas, et, décidée à conquérir, pour triompher d'elles, tous leurs avantages.

« Je te quitte, mon bon Augustin, dit-elle, pour aller près de la cour d'Autriche.

– Dieu nous en préserve, dit Augustin. Les pauvres du pays ne seront plus consolés par vos charités quand vous serez au milieu de tant de personnes méchantes. Vous ne jouerez plus avec nos enfants dans les bois. Qui tiendra l'orgue à l'église ? Nous ne vous verrons plus peindre dans la campagne, vous ne nous composerez plus de chansons.

– Ne t'inquiète pas, Augustin, dit Violante, garde-moi seulement beaux et fidèles mon château, mes paysans de Styrie. Le monde ne m'est qu'un moyen. Il donne des armes vulgaires, mais invincibles, et si quelque jour je veux être aimée, il me faut les posséder. Une curiosité m'y pousse aussi et comme un besoin de mener une vie un peu plus matérielle et moins réfléchie que celle-ci. C'est à la fois un repos et une école que je veux. Dès que ma situation sera faite et mes vacances finies, je quitterai le monde pour la campagne, nos bonnes gens simples et ce que je préfère à tout, mes chansons. À un moment précis et prochain, je m'arrêterai sur cette pente et je reviendrai dans notre Styrie, vivre auprès de toi, mon cher.

– Le pourrez-vous ? dit Augustin.

– On peut ce qu'on veut, dit Violante.

– Mais vous ne voudrez peut-être plus la même chose, dit Augustin.

– Pourquoi ? demanda Violante.

– Parce que vous aurez changé », dit Augustin.

CHAPITRE IV
LA MONDANITÉ

Les personnes du monde sont si médiocres, que Violante n'eut qu'à daigner se mêler à elles pour les éclipser presque toutes. Les seigneurs les plus inaccessibles, les artistes les plus sauvages allèrent au-devant d'elle et la courtisèrent. Elle seule avait de l'esprit, du goût, une démarche qui éveillait l'idée de toutes les perfections. Elle lança des comédies, des parfums et des robes. Les couturières, les écrivains, les coiffeurs mendièrent sa protection. La plus célèbre modiste d'Autriche lui demanda la permission de s'intituler sa faiseuse, le plus illustre prince d'Europe lui demanda la permission de s'intituler son amant. Elle crut devoir leur refuser à tous deux cette marque d'estime qui eût consacré définitivement leur élégance. Parmi les jeunes gens qui demandèrent à être reçus chez Violante, Laurence se fit remarquer par son insistance. Après lui avoir causé tant de chagrin, il lui inspira par là quelque dégoût. Et sa bassesse l'éloigna d'elle plus que n'avaient fait tous ses mépris. « Je n'ai pas le droit de m'indigner, se disait-elle. Je ne l'avais pas aimé en considération de sa grandeur d'âme et je sentais très bien, sans oser me l'avouer, qu'il était vil. Cela ne m'empêchait pas de l'aimer, mais seulement d'aimer autant la grandeur d'âme. Je pensais qu'on pouvait être vil et tout à la fois aimable. Mais dès qu'on n'aime plus, on en revient à préférer les gens de cœur. Que cette passion pour ce méchant était étrange puisqu'elle était toute de tête, et n'avait pas l'excuse d'être égarée par les sens. L'amour platonique est peu de chose. » Nous verrons qu'elle put considérer un peu plus tard que l'amour sensuel était moins encore.

Augustin vint la voir, voulut la ramener en Styrie.

« Vous avez conquis une véritable royauté, lui dit-il. Cela ne vous suffit-il pas ? Que ne redevenez-vous la Violante d'autrefois.

– Je viens précisément de la conquérir, Augustin, repartit Violante, laisse-moi au moins l'exercer quelques mois. »

Un événement qu'Augustin n'avait pas prévu dispensa pour un temps Violante de songer à la retraite. Après avoir repoussé vingt altesses sérénissimes, autant de princes souverains et un homme de génie qui demandaient sa main, elle épousa le duc de Bohême qui avait des agréments extrêmes et cinq millions de ducats. L'annonce du retour d'Honoré faillit rompre le mariage à la veille qu'il fût célébré. Mais un mal dont il était atteint le défigurait et rendit ses familiarités odieuses à Violante. Elle pleura sur la vanité de ses désirs qui volaient jadis si ardents vers la chair alors en fleur et qui maintenant était déjà pour jamais flétrie. La duchesse de Bohême continua de charmer comme avait fait Violante de Styrie, et l'immense fortune du duc ne servit qu'à donner un cadre digne d'elle à l'objet d'art qu'elle était. D'objet d'art elle devint objet de luxe par cette naturelle inclinaison des choses d'ici-bas à descendre au pire quand un noble effort ne maintient pas leur centre de gravité comme au-dessus d'elles-mêmes. Augustin s'étonnait de tout ce qu'il apprenait d'elle. « Pourquoi la duchesse, lui écrivait-il, parle-t-elle sans cesse de choses que Violante méprisait tant ? »

« Parce que je plairais moins avec des préoccupations qui, par leur supériorité même, sont antipathiques et incompréhensibles aux personnes qui vivent dans le monde, répondit Violante. Mais je m'ennuie, mon bon Augustin. »

Il vint la voir, lui expliqua pourquoi elle s'ennuyait : « Votre goût pour la musique, pour la réflexion, pour la charité, pour la solitude, pour la campagne, ne s'exerce plus. Le succès vous occupe, le plaisir vous retient. Mais on ne trouve le bonheur qu'à faire ce qu'on aime avec les tendances profondes de son âme.

– Comment le sais-tu, toi qui n'as pas vécu ? dit Violante.

– J'ai pensé et c'est tout vivre, dit Augustin. Mais j'espère que bientôt vous serez prise du dégoût de cette vie insipide. »

Violante s'ennuya de plus en plus, elle n'était plus jamais gaie. Alors, l'immoralité du monde, qui jusque-là l'avait laissée indifférente, eut prise sur elle et la blessa cruellement, comme la dureté des saisons terrasse les corps que la maladie rend incapables de lutter. Un jour qu'elle se promenait seule dans une avenue presque déserte, d'une voiture qu'elle n'avait pas aperçue tout d'abord une femme descendit qui alla droit à elle. Elle l'aborda, et lui ayant demandé si elle était bien Violante de Bohême, elle lui raconta qu'elle avait été l'amie de sa mère et avait eu le désir de revoir la petite Violante qu'elle avait tenue sur ses genoux. Elle l'embrassa avec émotion, lui prit la taille et se mit à l'embrasser si souvent que Violante, sans lui dire adieu, se sauva à toutes jambes. Le lendemain soir, Violante se rendit à une fête donnée en l'honneur de la princesse de Misène, qu'elle ne connaissait pas. Elle reconnut dans la princesse la dame abominable de la veille. Et une douairière, que jusque-là Violante avait estimée, lui dit :

« Voulez-vous que je vous présente à la princesse de Misène ?

– Non ! dit Violante.

– Ne soyez pas timide, dit la douairière. Je suis sûre que vous lui plairez. Elle aime beaucoup les jolies femmes. »

Violante eut à partir de ce jour deux mortelles ennemies, la princesse de Misène et la douairière, qui la représentèrent partout comme un monstre d'orgueil et de perversité. Violante l'apprit, pleura sur elle-même et sur la méchanceté des femmes. Elle avait depuis longtemps pris son parti de celle des hommes. Bientôt elle dit chaque soir à son mari :

« Nous partirons après-demain pour ma Styrie et nous ne la quitterons plus. »

Puis il y avait une fête qui lui plairait peut-être plus que les autres, une robe plus jolie à montrer. Les besoins profonds d'imaginer, de créer, de vivre seule et par la pensée, et aussi de se dévouer, tout en la faisant souffrir de ce qu'ils n'étaient pas contentés, tout en l'empêchant de trouver dans le monde l'ombre même d'une joie s'étaient trop émoussés, n'étaient plus assez impérieux pour la faire changer de vie, pour la forcer à renoncer au monde et à réaliser sa véritable destinée. Elle continuait à offrir le spectacle somptueux et désolé d'une existence faite pour l'infini et peu à peu restreinte au presque néant, avec seulement sur elle les ombres mélancoliques de la noble destinée qu'elle eût pu remplir et dont elle s'éloignait chaque jour davantage. Un grand mouvement de pleine charité qui aurait lavé son cœur comme une marée, nivelé toutes les inégalités humaines qui obstruent un cœur mondain, était arrêté par les milles digues de l'égoïsme, de la coquetterie et de l'ambition. La bonté ne lui plaisait plus que comme une élégance. Elle ferait bien encore des charités d'argent, des charités de sa peine même et de son temps, mais toute une partie d'elle-même était réservée, ne lui appartenait plus. Elle lisait ou rêvait encore le matin dans son lit, mais avec un esprit faussé, qui s'arrêtait maintenant au-dehors des choses et se considérait lui-même, non pour s'approfondir, mais pour s'admirer voluptueusement et coquettement comme en face d'un miroir. Et si alors on lui avait annoncé une visite, elle n'aurait pas eu la volonté de la renvoyer pour continuer à rêver ou à lire. Elle en était arrivée à ne plus goûter la nature qu'avec des sens pervertis, et le charme des saisons n'existait plus pour elle que pour parfumer ses élégances et leur donner leur tonalité. Les charmes de l'hiver devinrent le plaisir d'être frileuse, et la gaieté de la chasse ferma son cœur aux tristesses de l'automne. Parfois elle voulait essayer de retrouver, en marchant seule dans une forêt, la source naturelle des vraies joies. Mais, sous les feuillées ténébreuses, elle promenait des robes éclatantes. Et le plaisir d'être élégante corrompait pour elle la joie d'être seule et de rêver.

« Partons-nous demain ? demandait le duc.

– Après-demain », répondait Violante.

Puis le duc cessa de l'interroger. À Augustin qui se lamentait, Violante écrivit : « Je reviendrai quand je serai un peu plus vieille. » – « Ah ! répondit Augustin, vous leur donnez délibérément votre jeunesse ; vous ne reviendrez jamais dans votre Styrie. » Elle n'y revint jamais. Jeune, elle était restée dans le monde pour exercer la royauté d'élégance que presque encore enfant elle avait conquise. Vieille, elle y resta pour la défendre. Ce fut en vain. Elle la perdit. Et quand elle mourut, elle était encore en train d'essayer de la reconquérir. Augustin avait compté sur le dégoût. Mais il avait compté sans une force qui, si elle est nourrie d'abord par la vanité, vainc le dégoût, le mépris, l'ennui même : c'est l'habitude.

Août 1892

FRAGMENTS DE
COMÉDIE ITALIENE

> « De même que l'écrevisse, le bélier, le
> scorpion, la balance et le verseau perdent
> toute bassesse quand ils apparaissent
> comme signes du zodiaque, ainsi on peut
> voir sans colère ses propres vices dans des
> personnages éloignés… »
>
> EMERSON

I
LES MAÎTRESSES DE FABRICE

La maîtresse de Fabrice était intelligente et belle ; il
ne pouvait s'en consoler. « Elle ne devrait pas se comprendre ! s'écriait-il en gémissant, sa beauté m'est gâtée
par son intelligence ; m'éprendrais-je encore de la
Joconde chaque fois que je la regarde, si je devais dans
le même temps entendre la dissertation d'un critique,
même exquis ? » Il la quitta, prit une autre maîtresse qui
était belle et sans esprit. Mais elle l'empêchait continuellement de jouir de son charme par un manque de
tact impitoyable. Puis elle prétendit à l'intelligence, lut
beaucoup, devint pédante et fut aussi intellectuelle que
la première avec moins d'aisance et des maladresses
ridicules. Il la pria de garder le silence : même quand
elle ne parlait pas, sa beauté reflétait cruellement sa stupidité. Enfin, il fit la connaissance d'une femme chez
qui l'intelligence ne se trahissait que par une grâce plus
subtile, qui se contentait de vivre et ne dissipait pas dans

des conversations trop précises le mystère charmant de sa nature. Elle était douce comme les bêtes gracieuses et agiles aux yeux profonds, et troublait comme, au matin, le souvenir poignant et vague de nos rêves. Mais elle ne prit point la peine de faire pour lui ce qu'avaient fait les deux autres : l'aimer.

II

LES AMIES
DE LA COMTESSE MYRTO

Myrto, spirituelle, bonne et jolie, mais qui donne dans le chic, préfère à ses autres amies Parthénis, qui est duchesse et plus brillante qu'elle ; pourtant elle se plaît avec Lalagé, dont l'élégance égale exactement la sienne, et n'est pas indifférente aux agréments de Cléanthis, qui est obscure et ne prétend pas à un rang éclatant. Mais qui Myrto ne peut souffrir, c'est Doris ; la situation mondaine de Doris est un peu moindre que celle de Myrto, et elle recherche Myrto, comme Myrto fait de Parthénis, pour sa plus grande élégance.

Si nous remarquons chez Myrto ces préférences et cette antipathie, c'est que la duchesse Parthénis non seulement procure un avantage à Myrto, mais encore ne peut l'aimer que pour elle-même ; que Lalagé peut l'aimer pour elle-même et qu'en tout cas étant collègues et de même grade, elles ont besoin l'une de l'autre ; c'est enfin qu'à chérir Cléanthis, Myrto sent avec orgueil qu'elle est capable de se désintéresser, d'avoir un goût sincère, de comprendre et d'aimer, qu'elle est assez élégante pour se passer au besoin de l'élégance. Tandis que

Doris ne s'adresse qu'à ses désirs de chic, sans être en mesure de les satisfaire ; qu'elle vient chez Myrto, comme un roquet près d'un mâtin dont les os sont comptés, pour tâter de ses duchesses, et si elle peut, en enlever une ; que, déplaisant comme Myrto par une disproportion fâcheuse entre son rang et celui où elle aspire, elle lui présente enfin l'image de son vice. L'amitié que Myrto porte à Parthénis, Myrto la reconnaît avec déplaisir dans les égards que lui marque Doris. Lalagé, Cléanthis même lui rappelaient ses rêves ambitieux, et Parthénis au moins commençait de les réaliser : Doris ne lui parle que de sa petitesse. Aussi, trop irritée pour jouer le rôle amusant de protectrice, elle éprouve à l'endroit de Doris les sentiments qu'elle, Myrto, inspirerait précisément à Parthénis, si Parthénis n'était pas au-dessus du snobisme : elle la hait.

III
HELDÉMONE, ADELGISE, ERCOLE

Témoin d'une scène un peu légère, Ercole n'ose la raconter à la duchesse Adelgise, mais n'a pas même scrupule devant la courtisane Heldémone.

« Ercole, s'écrie Adelgise, vous ne croyez pas que je puisse entendre cette histoire ? Ah ! je suis bien sûre que vous agiriez autrement avec la courtisane Heldémone ; vous me respectez : vous ne m'aimez pas. »

« Ercole, s'écrie Heldémone, vous n'avez pas la pudeur de me taire cette histoire ? Je vous en fais juge ; en useriez-vous ainsi avec la duchesse Adelgise ? Vous ne me respectez pas : vous ne pouvez donc m'aimer. »

IV
L'INCONSTANT

Fabrice qui veut, qui croit aimer Béatrice à jamais, songe qu'il a voulu, qu'il a cru de même quand il aimait, pour six mois, Hippolyta, Barbara ou Clélie. Alors il essaye de trouver dans les qualités réelles de Béatrice une raison de croire que, sa passion finie, il continuera à fréquenter chez elle, la pensée qu'un jour il vivrait sans la voir étant incompatible avec un sentiment qui a l'illusion de son éternité. Puis, égoïste avisé, il ne voudrait pas se dévouer ainsi, tout entier, avec ses pensées, ses actions, ses intentions de chaque minute, et ses projets pour tous les avenirs, à la compagne de quelques-unes seulement de ses heures. Béatrice a beaucoup d'esprit et juge bien : « Quel plaisir, quand j'aurai cessé de l'aimer, j'éprouverai à causer avec elle des autres, d'elle-même, de mon défunt amour pour elle… » (qui revivrait ainsi, converti en amitié plus durable, il espère). Mais, sa passion pour Béatrice finie, il reste deux ans sans aller chez elle, sans en avoir envie, sans souffrir de ne pas en avoir envie. Un jour qu'il est forcé d'aller la voir, il maugrée, reste dix minutes. C'est qu'il rêve nuit et jour à Giulia, qui est singulièrement dépourvue d'esprit, mais dont les cheveux pâles sentent bon comme une herbe fine, et dont les yeux sont innocents comme deux fleurs.

V

La vie est étrangement facile et douce avec certaines personnes d'une grande distinction naturelle, spirituelles, affectueuses, mais qui sont capables de tous les vices, encore qu'elles n'en exercent aucun publiquement et qu'on n'en puisse affirmer d'elles un seul. Elles ont quelque chose de souple et de secret. Puis, leur perversité donne du piquant aux occupations les plus innocentes, comme se promener la nuit, dans des jardins.

VI
CIRES PERDUES

I

Je vous vis tout à l'heure pour la première fois, Cydalise, et j'admirai d'abord vos cheveux blonds, qui mettaient comme un petit casque d'or sur votre tête enfantine, mélancolique et pure. Une robe d'un velours rouge un peu pâle adoucissait encore cette tête singulière dont les paupières baissées paraissaient devoir sceller à jamais le mystère. Mais vous élevâtes vos regards ; ils s'arrêtèrent sur moi, Cydalise, et dans les yeux que je vis alors semblait avoir passé la fraîche pureté des matins, des eaux courantes aux premiers beaux jours. C'étaient comme des yeux qui n'auraient jamais rien regardé de ce que tous les yeux humains ont accoutumé à rcfléter, des yeux vierges encore d'expérience terrestre. Mais à vous mieux regarder, vous exprimiez surtout quelque chose d'aimant et de souffrant, comme d'une à qui ce qu'elle aurait voulu eût été refusé, dès avant sa naissance, par les fées. Les étoffes mêmes prenaient sur vous une grâce douloureuse, s'attristaient sur vos bras surtout, vos bras juste assez découragés pour rester simples et charmants. Puis j'imaginais de vous comme d'une princesse venue de très loin, à travers les siècles, qui s'ennuyait ici pour toujours avec une langueur résignée, princesse aux vêtements d'une harmonie ancienne et rare et dont la contemplation serait vite devenue pour les yeux une douce et enivrante habitude. J'aurais voulu vous faire raconter vos rêves, vos ennuis. J'aurais voulu vous voir tenir dans la main quelque hanap, ou plutôt une de ces buires d'une forme si fière et si triste et qui, vides aujourd'hui dans nos musées, élevant avec une grâce inutile une coupe épuisée, furent autrefois, comme vous, la fraîche volupté des tables de Venise dont un peu des dernières violettes et des dernières roses semble flotter encore dans le courant limpide du verre écumeux et troublé.

II

« Comment pouvez-vous préférer Hippolyta aux cinq autres que je viens de dire et qui sont les plus incontestables beautés de Vérone ? D'abord, elle a le nez trop long et trop busqué. » – Ajoutez qu'elle a la peau trop fine, et la lèvre supérieure trop mince, ce qui tire trop sa bouche par le haut quand elle rit, en fait un angle très aigu. Pourtant son rire m'impressionne infiniment, et les profils les plus purs me laissent froid auprès de la ligne de son nez trop busquée à votre avis, pour moi si émouvante et qui rappelle l'oiseau. Sa tête aussi est un peu d'un oiseau, si longue du front à la nuque blonde, plus encore ses yeux perçants et doux. Souvent, au théâtre, elle est accoudée à l'appui de sa loge ; son bras ganté de blanc jaillit tout droit, jusqu'au menton, appuyé sur les phalanges de la main. Son corps parfait enfle ses coutumières gazes blanches comme des ailes reployées. On pense à un oiseau qui rêve sur une patte élégante et grêle. Il est charmant aussi de voir son éventail de plume palpiter près d'elle et battre de son aile blanche. Je n'ai jamais pu rencontrer ses fils ou ses neveux, qui tous ont comme elle le nez busqué, les lèvres minces, les yeux perçants, la peau trop fine, sans être troublé en reconnaissant sa race sans doute issue d'une déesse et d'un oiseau. À travers la métamorphose qui enchaîne aujourd'hui quelque désir ailé à cette forme de femme, je reconnais la petite tête royale du paon, derrière qui ne ruisselle plus le flot bleu de mer, vert de mer, ou l'écume de son plumage mythologique. Elle donne l'idée du fabuleux avec le frisson de la beauté.

VII
SNOBS

I

Une femme ne se cache pas d'aimer le bal, les courses, le jeu même. Elle le dit, ou l'avoue simplement, ou s'en vante. Mais n'essayez pas de lui faire dire qu'elle aime le chic, elle se récrierait, se fâcherait tout de bon. C'est la seule faiblesse qu'elle cache soigneusement, sans doute parce que seule elle humilie la vanité. Elle veut bien dépendre des cartes, non des ducs. Parce qu'elle fait une folie, elle ne se croit inférieure à personne ; son snobisme implique au contraire qu'il y a des gens à qui elle est inférieure, ou le peut devenir, en se relâchant. Aussi l'on voit telle femme qui proclame le chic une chose tout à fait stupide, y employer une finesse, un esprit, une intelligence, dont elle eût pu écrire un joli conte ou varier ingénieusement les plaisirs et les peines de son amant.

II

Les femmes d'esprit ont si peur qu'on puisse les accuser d'aimer le chic qu'elles ne le nomment jamais ; pressées dans la conversation, elles s'engagent dans une périphrase pour éviter le nom de cet amant qui les compromettrait. Elles se jettent au besoin sur le nom d'Élégance, qui détourne les soupçons et qui semble attribuer au moins à l'arrangement de leur vie une raison d'art plutôt que de vanité. Seules, celles qui n'ont pas encore le chic ou qui l'ont perdu, le nomment dans leur ardeur d'amantes inassouvies ou délaissées. C'est ainsi que certaines jeunes femmes qui se lancent ou certaines vieilles femmes qui retombent parlent volontiers du chic que les autres ont, ou, encore mieux, qu'ils n'ont pas ; À vrai dire, si parler du chic que les autres n'ont pas les réjouit plus, parler du chic que les autres ont les nourrit davantage, et fournit à leur imagination affamée comme un aliment plus réel. J'en ai vu, à qui la pensée des alliances d'une duchesse donnait des frissons de plaisir avant que d'envie. Il y a, paraît-il, dans la province, des boutiquières dont la cervelle enferme comme une cage étroite des désirs de chic ardents comme des fauves. Le facteur leur apporte le *Gaulois*. Les nouvelles élégantes sont dévorées en un instant. Les inquiètes provinciales sont repues. Et pour une heure des regards rassérénés vont briller dans leurs prunelles élargies par la jouissance et l'admiration.

III
CONTRE UNE SNOB

Si vous n'étiez pas du monde et si l'on vous disait qu'Élianthe, jeune, belle, riche, aimée d'amis et d'amoureux comme elle est, rompt avec eux tout d'un coup, implore sans relâche les faveurs et souffre sans impatience les rebuffades d'hommes, parfois laids, vieux et stupides, qu'elle connaît à peine, travaille pour leur plaire comme au bagne, en est folle, en devient sage, se rend à force de soins leur amie, s'ils sont pauvres leur soutien, sensuels leur maîtresse, vous penseriez : quel crime a donc commis Élianthe et qui sont ces magistrats redoutables qu'il lui faut à tout prix acheter, à qui elle sacrifie ses amitiés, ses amours, la liberté de sa pensée, la dignité de sa vie, sa fortune, son temps, ses plus intimes répugnances de femme ? Pourtant Élianthe n'a commis aucun crime. Les juges qu'elle s'obstine à corrompre ne songeaient guère à elle et l'auraient laissée couler tranquillement sa vie riante et pure. Mais une terrible malédiction est sur elle : elle est snob.

IV
À UNE SNOB

Votre âme est bien, comme parle Tolstoï, une forêt obscure. Mais les arbres en sont d'une espèce particulière, ce sont des arbres généalogiques. On vous dit vaine ? Mais l'univers n'est pas vide pour vous, il est plein d'armoiries. C'est une conception du monde assez éclatante et symbolique. N'avez-vous pas aussi vos chimères qui ont la forme et la couleur de celles qu'on voit peintes sur les blasons ? N'êtes-vous pas instruite ? Le *Tout-Paris*, le *Gotha*, le *High Life* vous ont appris le *Bouillet*. En lisant le récit des batailles que les ancêtres avaient gagnées, vous avez retrouvé le nom des descendants que vous invitez à dîner et par cette mnémotechnie vous avez retenu toute l'histoire de France. De là une certaine grandeur dans votre liberté, vos rêve ambitieux auquel vous avez sacrifié votre liberté, vos heures de plaisir ou de réflexion, vos devoirs, vos amitiés, l'amour même. Car la figure de vos nouveaux amis s'accompagne dans votre imagination d'une longue suite de portraits d'aïeux. Les arbres généalogiques que vous cultivez avec tant de soin, dont vous cueillez chaque année les fruits avec tant de joie, plongent leurs racines dans la plus antique terre française. Votre rêve solidarise le présent au passé. L'âme des croisades anime pour vous de banales figures contemporaines et si vous relisez si fiévreusement vos carnets de visite, n'est-ce pas qu'à chaque nom vous sentez s'éveiller, frémir et presque chanter, comme une morte levée de sa dalle blasonnée, la fastueuse vieille France ?

VIII
ORANTHE

Vous ne vous êtes pas couché cette nuit et ne vous êtes pas encore lavé ce matin ?

Pourquoi le proclamer, Oranthe ?

Brillamment doué comme vous l'êtes, pensez-vous n'être pas assez distingué par là du reste du monde et qu'il vous faille jouer encore un aussi triste personnage ?

Vos créanciers vous harcèlent, vos infidélités poussent votre femme au désespoir, revêtir un habit serait pour vous endosser une livrée, et personne ne saurait vous contraindre à paraître dans le monde autrement qu'échevelé. Assis à dîner vous n'ôtez pas vos gants pour montrer que vous ne mangez pas, et la nuit si vous avez la fièvre, vous faites atteler votre victoria pour aller au bois de Boulogne.

Vous ne pouvez lire Lamartine que par une nuit de neige et écouter Wagner qu'en faisant brûler du cinname.

Pourtant vous êtes honnête homme, assez riche pour ne pas faire de dettes si vous ne les croyiez nécessaires à votre génie, assez tendre pour souffrir de causer à votre femme un chagrin que vous trouveriez bourgeois de lui épargner, vous ne fuyez pas les compagnies, vous savez y plaire, et votre esprit, sans que vos longues boucles fussent nécessaires, vous y ferait assez remarquer. Vous avez bon appétit, mangez bien avant d'aller dîner en ville, et enragez pourtant d'y rester à jeun. Vous prenez la nuit, dans les promenades où votre originalité vous oblige, les seules maladies dont vous souffriez. Vous avez assez d'imagination pour faire tomber de la neige ou brûler du cinname sans le secours de l'hiver ou d'un brûle-parfum, assez lettré et assez musicien pour aimer Lamartine et Wagner en esprit et en vérité. Mais quoi ! à l'âme d'un artiste vous joignez tous les préjugés bourgeois dont, sans réussir à nous donner le change, vous ne nous montrez que l'envers.

IX
CONTRE LA FRANCHISE

Il est sage de redouter également Percy, Laurence et Augustin. Laurence récite des vers, Percy fait des conférences, Augustin dit des vérités. Personne franche, voilà le titre de ce dernier, et sa profession, c'est ami véritable.

Augustin entre dans un salon ; je vous le dis en vérité, tenez-vous sur vos gardes et n'allez pas oublier qu'il est votre ami véritable. Songez qu'à l'instar de Percy et de Laurence, il ne vient jamais impunément, et qu'il n'attendra pas plus pour vous les dire que vous lui demandiez quelques-unes de vos vérités, que ne faisait Laurence pour vous dire un monologue ou Percy ce qu'il pense de Verlaine. Il ne se laisse ni attendre ni interrompre, parce qu'il est franc comme Laurence est conférencier, non dans votre intérêt, mais pour son plaisir. Certes votre déplaisir avive son plaisir, comme votre attention celui de Laurence. Mais ils s'en passeraient au besoin. Voilà donc trois impudents coquins à qui l'on devrait refuser tout encouragement, régal, sinon aliment de leur vice. Bien au contraire, ils ont leur public spécial qui les fait vivre. Celui d'Augustin le diseur de vérités est même très étendu. Ce public, égaré par la psychologie conventionnelle du théâtre et l'absurde maxime : « Qui aime bien châtie bien », se refuse à reconnaître que la flatterie n'est parfois que l'épanchement de la tendresse et la franchise la bave de la mauvaise humeur. Augustin exerce-t-il sa méchanceté sur un ami ? ce public-là oppose vaguement dans son esprit la rudesse romaine à l'hypocrisie byzantine et s'écrie avec un geste fier, les yeux allumés par l'allégresse de se sentir meilleur, plus fruste, plus indélicat : « Ce n'est pas lui qui vous parlerait tendrement… Honorons-le : Quel ami véritable !... »

X

Un milieu élégant est celui où l'opinion de chacun est faite de l'opinion des autres. Est-elle faite du contre-pied de l'opinion des autres ? c'est un milieu littéraire.

*

L'exigence du libertin qui veut une virginité est encore une forme de l'éternel hommage que rend l'amour à l'innocence.

*

En quittant les **, vous allez voir les ***, et la bêtise, la méchanceté, la misérable situation des ** est mise à nu. Pénétré d'admiration pour la clairvoyance des ***, vous rougissez d'avoir d'abord eu quelque considération pour les **. Mais quand vous retournez chez eux, ils percent de part en part les *** et à peu près avec les mêmes procédés. Aller de l'un chez l'autre, c'est visiter les deux camps ennemis. Seulement comme l'un n'entend jamais la fusillade de l'autre, il se croit le seul armé. Quand on s'est aperçu que l'armement est le même et que les forces ou plutôt la faiblesse sont à peu près pareilles, on cesse alors d'admirer celui qui tire et de mépriser celui qui est visé. C'est le commencement de la sagesse. La sagesse même serait de rompre avec tous les deux.

XI
SCÉNARIO

Honoré est assis dans sa chambre. Il se lève et se regarde dans la glace :

SA CRAVATE. — Voici bien des fois que tu charges de langueur et que tu amollis rêveusement mon nœud expressif et un peu défait. Tu es donc amoureux, cher ami ; mais pourquoi es tu triste ?...

SA PLUME. — Oui, pourquoi es-tu triste ? Depuis une semaine tu me surmènes, mon maître, et pourtant j'ai bien changé de genre de vie ! Moi qui semblais promise à des tâches plus glorieuses, je crois que je n'écrirai plus que des billets doux, si j'en juge par ce papier à lettres que tu viens de faire faire. Mais ces billets doux seront tristes, comme me le présagent les désespoirs nerveux dans lesquels tu me saisis et me reposes tout à coup. Tu es amoureux, cher ami, mais pourquoi es-tu triste ?

DES ROSES, DES ORCHIDÉES, DES HORTENSIAS, DES CHE-VEUX DE VÉNUS, DES ANCOLIES, *qui remplissent la chambre.* — Tu nous as toujours aimées, mais jamais tu ne nous appelas autant à la fois à te charmer par nos poses fières et mièvres, notre geste éloquent et la voix touchante de nos parfums. Certes, nous te présentons les grâces fraîches de la bien-aimée. Tu es amoureux, mais pourquoi es-tu triste ?...

DES LIVRES. – Nous fûmes toujours tes prudents conseillers, toujours interrogés, toujours inécoutés. Mais si nous ne t'avons pas fait agir, nous t'avons fait comprendre, tu as couru tout de même à la défaite ; mais au moins tu ne t'es pas battu dans l'ombre et comme dans un cauchemar : ne nous relègue pas à l'écart comme de vieux précepteurs dont on ne veut plus. Tu nous as tenus dans tes mains enfantines. Tes yeux encore purs s'étonnèrent en nous contemplant. Si tu ne nous aimes pas pour nous-mêmes, aime-nous pour tout ce que nous te rappelons de toi, de tout ce que tu as été, de tout ce que tu aurais pu être, et avoir pu l'être n'est-ce pas un peu, tandis que tu y songeais, l'avoir été ?

Viens écouter notre voix familière et sermonneuse ; nous ne te dirons pas pourquoi tu es amoureux, mais nous te dirons pourquoi tu es triste, et si notre enfant se désespère et pleure, nous lui raconterons des histoires, nous le bercerons comme autrefois quand la voix de sa mère prêtait à nos paroles sa douce autorité, devant le feu qui flambait de toutes ses étincelles, de tous tes espoirs et de tous tes rêves.

HONORÉ. – Je suis amoureux d'elle et je crois que je serai aimé. Mais mon cœur me dit que moi qui fus si changeant, je serai toujours amoureux d'elle, et ma bonne fée sait que je n'en serai aimé qu'un mois. Voilà pourquoi, avant d'entrer dans le paradis de ces joies brèves, je m'arrête sur le seuil pour essuyer mes yeux.

SA BONNE FÉE. – Cher ami, je viens du ciel t'apporter ta grâce, et ton bonheur dépendra de toi. Si, pendant un mois, au risque de gâter par tant d'artifices les joies que tu te promettais des débuts de cet amour, tu dédaignes celle que tu aimes, si tu sais pratiquer la coquetterie et affecter l'indifférence, ne pas venir au rendez-vous que vous prendrez et détourner tes lèvres de sa poitrine qu'elle te tendra comme une gerbe de roses, votre amour fidèle et partagé s'édifiera pour l'éternité sur l'incorruptible base de ta patience.

HONORÉ, *sautant de joie*. – Ma bonne fée, je t'adore et je t'obéirai.

LA PETITE PENDULE DE SAXE. – Ton amie est inexacte, mon aiguille a déjà dépassé la minute où tu la rêvais depuis si longtemps et où la bien-aimée devait venir. Je crains bien de rythmer encore longtemps de mon tic-tac monotone ta mélancolique et voluptueuse attente ; tout en sachant le temps, je ne comprends rien à la vie, les heures tristes prennent la place des minutes joyeuses, se confondent en moi comme des abeilles dans une ruche…

La sonnette retentit ; un domestique va ouvrir la porte.

LA BONNE FÉE. – Songe à m'obéir et que l'éternité de ton amour en dépend.

La pendule bat fiévreusement, les parfums des roses s'inquiètent et les orchidées tourmentées se penchent anxieusement vers Honoré ; une a l'air méchant. Sa plume inerte le considère avec la tristesse de ne pouvoir bouger. Les livres n'interrompent point leur grave murmure. Tout lui dit : Obéis à la fée et songe que l'éternité de ton amour en dépend…

HONORÉ, *sans hésiter*. – Mais j'obéirai, comment pouvez-vous douter de moi ?

La bien-aimée entre; les roses, les orchidées, les cheveux de Vénus, la plume et le papier, la pendule de Saxe, Honoré haletant vibrent comme une harmonie d'elle.

Honoré se précipite sur sa bouche en s'écriant : « Je t'aime !... »

ÉPILOGUE. – Ce fut comme s'il avait soufflé sur la flamme du désir de la bien-aimée. Feignant d'être choquée de l'inconvenance de ce procédé, elle s'enfuit et il ne la revit jamais que le torturant d'un regard indifférent et sévère…

XII
ÉVENTAIL

Madame, j'ai peint pour vous cet éventail.

Puisse-t-il selon votre désir évoquer dans votre retraite les formes vaines et charmantes qui peuplèrent votre salon, si riche alors de vie gracieuse, à jamais fermé maintenant.

Les lustres, dont toutes les branches portent de grandes fleurs pâles, éclairent des objets d'art de tous les temps et de tous les pays. Je pensais à l'esprit de notre temps en promenant avec mon pinceau les regards curieux de ces lustres sur la diversité de vos bibelots. Comme eux, il a contemplé les exemplaires de la pensée ou de la vie des siècles à travers le monde. Il a démesurément étendu le cercle de ses excursions. Par plaisir, par ennui, il les a variées comme des promenades, et maintenant, découragé de trouver, non pas même le but, mais le bon chemin, sentant ses forces défaillir, et que son courage l'abandonne, il se couche la face contre terre pour ne plus rien voir, comme une brute. Je les ai pourtant peints avec tendresse, les rayons de vos lustres ; ils ont caressé avec une amoureuse mélancolie tant de choses et tant d'êtres, et maintenant ils se sont éteints à jamais. Malgré les petites dimensions du cadre, vous reconnaî-trez peut-être les personnes du premier plan, et que le peintre impartial a mis en même valeur, comme votre sympathie égale, les grands seigneurs, les femmes belles et les hommes de talent. Conciliation téméraire aux yeux du monde, insuffisante au contraire, et injuste selon la raison, mais qui fit de votre société un petit univers moins divisé, plus harmonieux que l'autre, vivant pour-tant, et qu'on ne verra plus. Aussi je ne voudrais pas que mon éventail fût regardé par un indifférent, qui n'aurait pas fréquenté dans des salons comme le vôtre et qui s'étonnerait de voir « la politesse » réunir des ducs sans morgue et des romanciers sans prétention. Mais peut-être ne comprendrait-il pas non plus, cet étranger, les vices de ce rapprochement dont l'excès ne facilite bientôt qu'un échange, celui des ridicules. Sans doute, il trouve-rait d'un réalisme pessimiste le spectacle que donne la bergère de droite où un grand écrivain, avec les appa-rences d'un snob, écoute un grand seigneur qui semble pérorer sur le poème qu'il feuillette et auquel l'expres-sion de son regard, si j'ai su la faire assez niaise, montre assez qu'il ne comprend rien.

Près de la cheminée vous reconnaîtrez C…

Il débouche un flacon et explique à sa voisine qu'il y a fait concentrer les parfums les plus violents et les plus étranges.

B…, désespéré de ne pouvoir renchérir sur lui, et pen-sant que la plus sûre manière de devancer la mode, c'est d'être démodé avec éclat, respire deux sous de violettes et considère C… avec mépris.

Vous-même n'eûtes-vous pas de ces retours artificiels à la nature ? J'aurais voulu, si ces détails n'eussent été trop minuscules pour rester distincts, figurer dans un coin retiré de votre bibliothèque musicale d'alors, vos opéras de Wagner, vos symphonies de Franck et de d'Indy mises au rancart, et sur votre piano quelques cahiers encore ouverts de Haydn, de Haendel ou de Palestrina.

Je n'ai pas craint de vous figurer sur le canapé rose. T… y est assis auprès de vous. Il vous décrit sa nouvelle chambre savamment goudronnée pour lui suggérer les sensations d'un voyage en mer, vous dévoile toutes les quintessences de sa toilette et de son ameublement.

Votre sourire dédaigneux témoigne que vous prisez peu cette imagination infirme à qui une chambre nue ne suffit pas pour y faire passer toutes les visions de l'univers, et qui conçoit l'art et la beauté d'une façon si pitoyablement matérielle.

Vos plus délicieuses amies sont là. Me le pardonneraient-elles si vous leur montriez l'éventail ? Je ne sais. La plus étrangement belle, qui dessinait devant nos yeux émerveillés comme un Whistler vivant, ne se serait reconnue et admirée que portraiturée par Bouguereau. Les femmes réalisent la beauté sans la comprendre.

Elles diront peut-être : Nous aimons simplement une beauté qui n'est pas la vôtre. Pourquoi serait-elle, moins que la vôtre, la beauté.

Qu'elles me laissent dire au moins : combien peu de femmes comprennent l'esthétique dont elles relèvent. Telle vierge de Botticelli, n'était la mode, trouverait ce peintre gauche et sans art.

Acceptez cet éventail avec indulgence. Si quelqu'une des ombres qui s'y sont posées après avoir voltigé dans mon souvenir, jadis, ayant sa part de la vie, vous a fait pleurer, reconnaissez-la sans amertume en considérant que c'est une ombre et que vous n'en souffrirez plus.

J'ai pu les porter innocemment, ces ombres, sur ce frêle papier auquel votre geste donnera des ailes, parce qu'elles sont, pour pouvoir faire du mal, trop irréelles et trop falotes…

Pas plus peut-être qu'au temps où vous les conviiez à venir pendant quelques heures anticiper sur la mort et vivre de la vie vaine des fantômes, dans la joie factice de votre salon, sous les lustres dont les branches s'étaient couvertes de grandes fleurs pâles.

XIII
OLIVIAN

Pourquoi vous voit-on chaque soir, Olivian, vous rendre à la Comédie ? Vos amis n'ont-ils pas plus d'esprit que Pantalon, Scaramouche ou Pasquarello ? et ne serait-il pas plus aimable de souper avec eux ? Mais vous pourriez faire mieux. Si le théâtre est la ressource des causeurs dont l'ami est muet ou la maîtresse insipide, la conversation, même exquise, est le plaisir des hommes sans imagination. Ce qu'on n'a pas besoin de montrer aux chandelles à l'homme d'esprit, parce qu'il le voit en causant, on perd son temps à essayer de vous le dire, Olivian. La voix de l'imagination et de l'âme est la seule qui fasse retentir heureusement l'imagination et

l'âme tout entière, et un peu du temps que vous avez tué
à plaire, si vous l'aviez fait vivre, si vous l'aviez nourri
d'une lecture ou d'une songerie, au coin de votre feu
l'hiver ou l'été dans votre parc, vous garderiez le riche
souvenir d'heures plus profondes et plus pleines. Ayez
le courage de prendre la pioche et le râteau. Un jour,
vous aurez plaisir à sentir un parfum doux s'élever de
votre mémoire, comme d'une brouette jardinière remplie jusqu'aux bords.

Pourquoi voyagez-vous si souvent ? Les carrosses de
voiture vous emmènent bien lentement où votre rêve
vous conduirait si vite. Pour être au bord de la mer, vous
n'avez qu'à fermer les yeux. Laissez ceux qui n'ont que
les yeux du corps déplacer toute leur suite et s'installer
avec elle à Pouzzoles ou à Naples. Vous voulez, dites-
vous, y terminer un livre ? Où travaillerez-vous mieux
qu'à la ville ? Entre ses murs, vous pouvez faire passer
les plus vastes décors qu'il vous plaira ; vous y éviterez
plus facilement qu'à Pouzzoles les déjeuners de la princesse de Bergame et vous serez moins souvent tenté de
vous promener sans rien faire. Pourquoi surtout vous
acharner à vouloir jouir du présent, pleurer de n'y pas
réussir ? Homme d'imagination, vous ne pouvez jouir
que par le regret ou dans l'attente, c'est-à-dire du passé
ou de l'avenir.

Voilà pourquoi, Olivian, vous êtes mécontent de votre
maîtresse, de vos villégiatures et de vous-même. La raison de ces maux, vous l'avez peut-être déjà remarquée ;
mais alors pourquoi vous y complaire au lieu de chercher à les guérir ? C'est que vous êtes bien misérable,
Olivian. Vous n'étiez pas encore un homme, et déjà vous
êtes un homme de lettres.

XIV
PERSONNAGES DE LA COMÉDIE MONDAINE

De même que dans les comédies Scaramouche est toujours vantard et Arlequin toujours balourd, que la conduite de Pasquino n'est qu'intrigue, celle de Pantalon qu'avarice et que crédulité ; de même la société a décrété que Guido est spirituel mais perfide, et n'hésiterait pas pour faire un bon mot à sacrifier un ami ; que Girolamo capitalise, sous les dehors d'une rude franchise, des trésors de sensibilité ; que Castruccio, dont on peut flétrir les vices, est l'ami le plus sûr et le fils le plus délicat ; qu'Iago, malgré dix beaux livres, n'est qu'un amateur, tandis que quelques mauvais articles de journaux ont aussitôt sacré Ercole un écrivain ; que Cesare doit tenir à la police, être reporter ou espion.

Cardenio est snob et Pippo n'est qu'un faux bonhomme, malgré ses protestations d'amitié. Quant à Fortunata, c'est chose à jamais convenue, elle est bonne. La rondeur de son embonpoint garantit assez la bienveillance de son caractère : comment une si grosse dame serait-elle une méchante personne ?

Chacun d'ailleurs, déjà très différent par nature du caractère que la société a été chercher dans le magasin général de ses costumes et caractères, et lui a prêté une fois pour toutes, s'en écarte d'autant plus que la conception *a priori* de ses qualités, en lui ouvrant un large crédit de défauts inverses, crée à son profit une sorte d'impunité. Son personnage immuable d'ami sûr en général permet à Castruccio de trahir chacun de ses amis en particulier. L'ami seul en souffre : « Quel scélérat devait-il être pour être lâché par Castruccio, cet ami si fidèle ! » Fortunata peut répandre à longs flots les médisances. Qui serait assez fou pour en chercher la source jusque sous les plis de son corsage, dont l'ampleur vague sert à tout dissimuler. Girolamo peut pratiquer sans crainte la flatterie à qui sa franchise habituelle donne un imprévu plus charmant. Il peut pousser avec un ami sa rudesse jusqu'à la férocité, puisqu'il est entendu que c'est dans son intérêt qu'il le brutalise. Cesare me demande des nouvelles de ma santé, c'est pour en faire un rapport au doge. Il ne m'en a pas demandé : comme il sait cacher son jeu ! Guido m'aborde, il me complimente sur ma bonne mine. « Personne n'est aussi spirituel que lui, mais il est vraiment trop méchant », s'écrient en chœur les personnes présentes. Cette divergence entre le caractère véritable de Castruccio, de Guido, de Cardenio, d'Ercole, de Pippo, de Cesare et de Fortunata et le type qu'ils incarnent irrévocablement aux yeux sagaces de la société, est sans danger pour eux, puisque cette divergence, la société ne veut pas la voir. Mais elle n'est pas sans terme. Quoi que fasse Girolamo, c'est un bourru bienfaisant. Quoi que dise Fortunata, elle est bonne. La persistance absurde, écrasante, immuable du type dont ils peuvent s'écarter sans cesse sans en déranger la sereine fixité s'impose à la longue avec une force attractive croissante à ces personnes d'une originalité faible, et d'une conduite peu cohérente que finit par fasciner ce point de mire seul identique au milieu de leurs universelles variations. Girolamo, en disant à un ami « ses vérités », lui sait gré de lui servir ainsi de comparse et de lui permettre de jouer, en le « gourmandant pour son bien », un rôle honorable, presque éclatant, et maintenant bien près d'être sincère. Il mêle à la violence de ses diatribes une pitié indulgente bien naturelle envers un inférieur qui fait ressortir sa gloire ; il éprouve pour lui une reconnaissance véritable, et finalement la cordialité que le monde lui a si longtemps prêtée qu'il a fini par la garder. Fortunata, que son embonpoint croissant, sans flétrir son esprit ni altérer sa beauté, désintéresse pourtant un peu plus des autres en étendant la sphère de sa propre personnalité, sent s'adoucir en elle l'acrimonie qui seule l'empêchait de remplir dignement les fonctions vénérables et charmantes que le monde lui avait déléguées. L'esprit des mots « bienveillance », « bonté », « rondeur », sans cesse prononcés devant elle, derrière elle, a lentement imbibé ses paroles, habituellement élogieuses maintenant et auxquelles sa vaste tournure confère comme une plus flatteuse autorité. Elle a le sentiment vague et profond d'exercer une magistrature considérable et pacifique. Parfois elle semble déborder sa propre individualité et apparaît alors comme l'assemblée plénière, houleuse et pourtant molle, des juges bienveillants qu'elle préside et dont l'assentiment l'agite au loin… Et quand, dans les soirées où l'on cause, chacun, sans s'embarrasser des contradictions de la conduite de ces personnages, sans remarquer leur lente adaptation au type imposé, range avec ordre leurs actions dans le tiroir bien à sa place et soigneusement défini de leur caractère idéal, chacun sent avec une satisfaction émue qu'incontestablement le niveau de la conversation s'élève. Certes, on interrompt bientôt ce travail pour ne pas appesantir jusqu'au sommeil des têtes peu habituées à l'abstraction (on est homme du monde). Alors, après avoir flétri le snobisme de l'un, la malveillance de l'autre, le libertinage ou la dureté d'un troisième, on se sépare, et chacun, certain d'avoir payé largement son tribut à la bienveillance, à la pudeur, et à la charité, va se livrer sans remords, dans la paix d'une conscience qui vient de donner ses preuves, aux vices élégants qu'il cumule.

Ces réflexions, inspirées par la société de Bergame, appliquées à une autre, perdraient leur part de vérité. Quand Arlequin quitta la scène bergamasque pour la française, de balourd il devint bel esprit. C'est ainsi que dans certaines sociétés Liduvina passe pour une femme supérieure et Girolamo pour un homme d'esprit. Il faut ajouter aussi que parfois un homme se présente pour qui la société ne possède pas de caractère tout fait ou au moins de caractère disponible, un autre tenant l'emploi. Elle lui en donne d'abord qui ne lui vont pas. Si c'est vraiment un homme original et qu'aucun ne soit à sa taille, incapable de se résigner à essayer de le comprendre et faute de caractère à sa mesure, elle l'exclut; à moins qu'il puisse jouer avec grâce les jeunes premiers, dont on manque toujours.

MONDANITÉ ET MÉLOMANIE
DE BOUVARD ET PÉCUCHET *

I
MONDANITÉ

« Maintenant que nous avons une situation, dit Bouvard, pourquoi ne mènerions-nous pas la vie du monde ? »

C'était assez l'avis de Pécuchet, mais il fallait pouvoir y briller et pour cela étudier les sujets qu'on y traite.

La littérature contemporaine est de première importance.

Ils s'abonnèrent aux diverses revues qui la répandent, les lisaient à haute voix, s'efforçaient à écrire des critiques, recherchant surtout l'aisance et la légèreté du style, en considération du but qu'ils se proposaient.

Bouvard objecta que le style de la critique, écrite même en badinant, ne convient pas dans le monde. Et ils instituèrent des conversations sur ce qu'ils avaient lu, dans la manière des gens du monde.

Bouvard s'accoudait à la cheminée, taquinait avec précaution, pour ne pas les salir, des gants clairs sortis tout exprès, appelant Pécuchet « Madame » ou « Général », pour compléter l'illusion.

---

* Bien entendu les opinions prêtées ici aux deux célèbres personnage de Flaubert ne sont nullement celles de l'auteur.

Mais souvent ils en restaient là ; ou l'un d'eux s'emballant sur un auteur, l'autre essayait en vain de l'arrêter. Au reste, ils dénigraient tout. Leconte de Lisle était trop impassible, Verlaine trop sensitif. Ils rêvaient, sans le rencontrer, d'un juste milieu.

« Pourquoi Loti rend-il toujours le même son ?

– Ses romans sont tous écrits sur la même note ?

– Sa lyre n'a qu'une corde, concluait Bouvard.

– Mais André Laurie n'est pas plus satisfaisant, car il nous promène chaque année ailleurs et confond la littérature avec la géographie. Son style seul vaut quelque chose. Quant à Henri de Régnier, c'est un fumiste ou un fou, nulle autre alternative.

– Tire-toi de là, mon bonhomme, disait Bouvard, et tu fais sortir la littérature contemporaine d'une rude impasse.

– Pourquoi les forcer ? disait Pécuchet en roi débonnaire ; ils ont peut-être du sang, ces poulains-là. Laissons-leur la bride sur le cou : la seule crainte, c'est qu'ainsi emballés, ils ne dépassent le but ; mais l'extravagance même est la preuve d'une nature riche.

– Pendant ce temps, les barrières seront brisées, criait Pécuchet ; – et, remplissant de ses dénégations la chambre solitaire, il s'échauffait : – Du reste, dites tant que vous voudrez que ces lignes inégales sont des vers, je me refuse à y voir autre chose que de la prose, et sans signification, encore ! »

Mallarmé n'a pas plus de talent, mais c'est un brillant causeur. Quel malheur qu'un homme aussi doué devienne fou chaque fois qu'il prend la plume. Singulière maladie et qui leur paraissait inexplicable. Maeterlinck effraye, mais par des moyens matériels et indignes du théâtre ; l'art émeut à la façon d'un crime, c'est horrible ! D'ailleurs, sa syntaxe est misérable.

Ils en firent spirituellement la critique en parodiant dans la forme d'une conjugaison son dialogue : « J'ai dit que la femme était entrée. – Tu as dit que la femme était entrée. – Vous avez dit que la femme était entrée. – Pourquoi a-t-on dit que la femme était entrée ? »

Pécuchet voulait envoyer ce petit morceau à la *Revue des Deux Mondes*, mais il était plus avisé, selon Bouvard, de le réserver pour le débiter dans un salon à la mode. Ils seraient classés du premier coup selon leur mérite. Ils pourraient très bien le donner plus tard à une revue. Et les premiers confidents de ce trait d'esprit, le lisant ensuite, seraient flattés rétrospectivement d'en avoir eu la primeur.

Lemaitre, malgré tout son esprit, leur semblait inconséquent, irrévérencieux, tantôt pédant et tantôt bourgeois ; il exécutait trop souvent la palinodie. Son style surtout était lâché, mais la difficulté d'improviser à dates fixes et si rapprochées doit l'absoudre. Quant à France, il écrit bien, mais pense mal, au contraire de Bourget, qui est profond, mais possède une forme affligeante. La rareté d'un talent complet les désolait.

Cela ne doit pourtant pas être bien difficile, songeait Bouvard, d'exprimer ses idées clairement. Mais la clarté ne suffit pas, il faut la grâce (unie à la force), la vivacité, l'élévation, la logique. Bouvard ajoutait l'ironie. Selon Pécuchet, elle n'est pas indispensable, fatigue souvent et déroute sans profit pour le lecteur. Bref, tout le monde écrit mal. Il fallait, selon Bouvard, en accuser la recherche excessive de l'originalité ; selon Pécuchet, la décadence des mœurs.

« Ayons le courage de cacher nos conclusions dans le monde, dit Bouvard ; nous passerions pour des détracteurs, et, effrayant chacun, nous déplairions à tout le monde. Rassurons au lieu d'inquiéter. Notre originalité nous nuira déjà assez. Même tâchons de la dissimuler. On peut ne pas y parler littérature. »

Mais d'autres choses y sont importantes.

« Comment faut-il saluer ? Avec tout le corps ou de la tête seulement, lentement ou vite, comme on est placé ou en réunissant les talons, en s'approchant ou de sa place, en rentrant le bas du dos ou en le transformant en pivot ? Les mains doivent-elles tomber le long du corps, garder le chapeau, être gantées ? La figure doit-elle rester sérieuse ou sourire pendant la durée du salut ? Mais comment reprendre immédiatement sa gravité le salut fini ? »

Présenter aussi est difficile.

Par le nom de qui faut-il commencer ? Faut-il désigner de la main la personne qu'on nomme, ou d'un signe de tête, ou garder l'immobilité avec un air indifférent ? Faut-il saluer de la même manière un vieillard et un jeune homme, un serrurier et un prince, un acteur et un académicien ? L'affirmative satisfaisait aux idées égalitaires de Pécuchet, mais choquait le bon sens de Bouvard.

Comment donner son titre à chacun ?

On dit monsieur à un baron, à un vicomte, à un comte ; mais « bonjour, monsieur le marquis », leur semblait plat, et « bonjour, marquis », trop cavalier, étant donné leur âge. Ils se résigneraient à dire « prince » et « monsieur le duc » bien que ce dernier usage leur parût révoltant. Quand ils arrivaient aux Altesses, ils se troublaient ; Bouvard, flatté de ses relations futures, imaginait mille phrases où cette appellation apparaissait sous toutes ses formes ; il l'accompagnait d'un petit sourire rougissant, en inclinant un peu la tête, et en sautillant sur ses jambes. Mais Pécuchet déclarait qu'il s'y perdrait, s'embrouillerait toujours, ou éclaterait de rire au nez du prince. Bref, pour moins de gêne, ils n'iraient pas dans le faubourg Saint-Germain. Mais il entre partout, de loin seulement semble un tout compact et isolé !... D'ailleurs, on respecte encore plus les titres dans la haute banque, et quant à ceux des rastaquouères, ils sont innombrables. Mais, selon Pécuchet, on devait être intransigeant avec les faux nobles et affecter de ne point leur donner de particules même sur les enveloppes des lettres ou en parlant à leurs domestiques. Bouvard, plus sceptique, n'y voyait qu'une manie plus récente, mais aussi respectable que celle des anciens seigneurs. D'ailleurs, la noblesse, d'après eux, n'existait plus depuis qu'elle avait perdu ses privilèges. Elle est cléricale, arriérée, ne lit pas, ne fait rien, s'amuse autant que la bourgeoisie ; ils trouvaient absurde de la respecter. Sa fréquentation seule était possible, parce qu'elle n'excluait pas le mépris. Bouvard déclara que pour savoir où ils fréquenteraient, vers quelles banlieues ils se hasarderaient une fois l'an, où seraient leurs habitudes, leurs vices, il fallait d'abord dresser un plan exact de la société parisienne. Elle comprenait, suivant lui, le faubourg Saint-Germain, la finance, les rastaquouères, la société protestante, le monde des arts et des théâtres, le monde officiel et savant. Le Faubourg, à l'avis de Pécuchet, cachait sous des dehors rigides le libertinage de l'Ancien Régime. Tout noble a des maîtresses, une sœur religieuse, conspire avec le clergé. Ils sont braves, s'endettent, ruinent et flagellent les usuriers, sont inévitablement les champions de l'honneur. Ils règnent par l'élégance, inventent des modes extravagantes, sont des fils exemplaires, affectueux avec le peuple et durs aux banquiers. Toujours l'épée à la main ou une femme en croupe, ils rêvent au retour de la monarchie, sont terriblement oisifs, mais pas fiers avec les bonnes gens, faisant fuir les traîtres et insultant les poltrons, méritent par un certain air chevaleresque notre inébranlable sympathie.

Au contraire, la finance considérable et renfrognée inspire le respect mais l'aversion. Le financier est soucieux dans le bal le plus fou. Un de ses innombrables commis vient toujours lui donner les dernières nouvelles de la Bourse, même à quatre heures du matin ; il cache à sa femme ses coups les plus heureux, ses pires désastres. On ne sait jamais si c'est un potentat ou un escroc ; il est tour à tour l'un et l'autre sans prévenir, et, malgré son immense fortune, déloge impitoyablement le petit locataire en retard sans lui faire l'avance d'un terme, à moins qu'il ne veuille en faire un espion ou coucher avec sa fille. D'ailleurs, il est toujours en voiture, s'habille sans grâce, porte habituellement un lorgnon.

Ils ne se sentaient pas un plus vif amour de la société protestante ; elle est froide, guindée, ne donne qu'à ses pauvres, se compose exclusivement de pasteurs. Le temple ressemble trop à la maison, et la maison est triste comme le temple. On y a toujours un pasteur à déjeuner ; les domestiques font des remontrances aux maîtres en citant des versets de la Bible ; ils redoutent trop la gaieté pour ne rien avoir à cacher et font sentir dans la conversation avec les catholiques une rancune perpétuelle de la révocation de l'édit de Nantes et de la Saint-Barthélemy.

Le monde des arts, aussi homogène, est bien différent ; tout artiste est farceur, brouillé avec sa famille, ne
porte jamais de chapeau haute forme, parle une langue
spéciale. Leur vie se passe à jouer des tours aux huis-
siers qui viennent pour les saisir et à trouver des déguisements grotesques pour des bals masqués. Néanmoins,
ils produisent constamment des chefs-d'œuvre, et chez
la plupart l'abus du vin et des femmes est la condition
même de l'inspiration, sinon du génie ; ils dorment le
jour, se promènent la nuit, travaillent on ne sait quand,
et la tête toujours en arrière, laissant flotter au vent une
cravate molle, roulent perpétuellement des cigarettes.

Le monde des théâtres est à peine distinct de ce dernier ; on n'y pratique à aucun degré la vie de famille, on
y est fantasque et inépuisablement généreux. Les
artistes, quoique vaniteux et jaloux, rendent sans cesse
service à leurs camarades, applaudissent à leurs succès,
adoptent les enfants des actrices poitrinaires ou malheu-
reuses, sont précieux dans le monde, bien que, n'ayant
pas reçu d'instruction, ils soient souvent dévots et toujours superstitieux. Ceux des théâtres subventionnés sont
à part, entièrement dignes de notre admiration, mérite-
raient d'être placés à table avant un général ou un
prince, ont dans l'âme les sentiments exprimés dans les
chefs-d'œuvre qu'ils représentent sur nos grandes scènes.
Leur mémoire est prodigieuse et leur tenue parfaite.

Quant aux juifs, Bouvard et Pécuchet, sans les pros-
crire (car il faut être libéral), avouaient détester se trouver avec eux ; ils avaient tous vendu des lorgnettes en
Allemagne dans leur jeune âge, gardaient exactement à
Paris – et avec une piété à laquelle en gens impartiaux
ils rendaient d'ailleurs justice – des pratiques spéciales,

un vocabulaire inintelligible, des bouchers de leur race. Tous ont le nez crochu, l'intelligence exceptionnelle, l'âme vile et seulement tournée vers l'intérêt ; leurs femmes, au contraire, sont belles, un peu molles, mais capables des plus grands sentiments. Combien de catholiques devraient les imiter ! Mais pourquoi leur fortune était-elle toujours incalculable et cachée ? D'ailleurs, ils formaient une sorte de vaste société secrète, comme les jésuites et la franc-maçonnerie. Ils avaient, on ne savait où, des trésors inépuisables, au service d'ennemis vagues, dans un but épouvantable et mystérieux.

II
MÉLOMANIE

Déjà dégoûtés de la bicyclette et de la peinture, Bouvard et Pécuchet se mirent sérieusement à la musique. Mais tandis qu'éternellement ami de la tradition et de l'ordre, Pécuchet laissait saluer en lui le dernier partisan des chansons grivoises et du *Domino noir*, révolutionnaire s'il en fut, Bouvard, faut-il le dire, « se montra résolument wagnérien ». À vrai dire, il ne connaissait pas une partition du « braillard de Berlin » (comme le dénommait cruellement Pécuchet, toujours patriote et mal informé), car on ne peut les entendre en France, où le Conservatoire crève dans la routine, entre Colonne qui bafouille et Lamoureux qui épelle, ni à Munich, où la tradition ne s'est pas conservée, ni à Bayreuth que les snobs ont insupportablement infecté. C'est un non-sens que de les essayer au piano : l'illusion de la scène est nécessaire, ainsi que l'enfouissement de l'orchestre, et, dans la salle, l'obscurité. Pourtant, prêt à foudroyer les visiteurs, le prélude de *Parsifal* était perpétuellement ouvert sur le pupitre de son piano, entre les photographies du porte-plume de César Franck et du *Printemps* de Botticelli.

De la partition de la *Walkyrie*, soigneusement le « Chant du Printemps » avait été arraché. Dans la table des opéras de Wagner, à la première page, *Lohengrin*, *Tannhäuser* avaient été biffés, d'un trait indigné, au crayon rouge. *Rienzi* seul subsistait des premiers opéras. Le renier est devenu banal, l'heure est venue, flairait subtilement Bouvard, d'inaugurer l'opinion contraire. Gounod le faisait rire, et Verdi crier. Moindre assurément qu'Erik Satie, qui peut aller là contre ? Beethoven, pourtant, lui semblait considérable à la façon d'un Messie. Bouvard lui-même pouvait, sans s'humilier, saluer en Bach un précurseur. Saint-Saëns manque de fond et Massenet de forme, répétait-il sans cesse à Pécuchet, aux yeux de qui Saint-Saëns, au contraire, n'avait que du fond et Massenet que de la forme.

« C'est pour cela que l'un nous instruit et que l'autre nous charme, mais sans nous élever, insistait Pécuchet. »

Pour Bouvard, tous deux étaient également méprisables. Massenet trouvait quelques idées, mais vulgaires, d'ailleurs les idées ont fait leur temps. Saint-Saëns possédait quelque facture, mais démodée. Peu renseignés sur Gaston Lemaire, mais jouant du contraste à leurs heures, ils opposaient éloquemment Chausson et Chaminade [8]. Pécuchet, d'ailleurs, et malgré les répugnances de son esthétique, Bouvard lui-même, car tout Français est chevaleresque et fait passer les femmes avant tout, cédaient galamment à cette dernière la première place parmi les compositeurs du jour.

C'était en Bouvard le démocrate encore plus que le musicien qui proscrivait la musique de Charles Levadé ; n'est-ce pas s'opposer au progrès que s'attarder encore aux vers de Mme de Girardin dans le siècle de la vapeur, du suffrage universel et de la bicyclette ? D'ailleurs, tenant pour la théorie de l'art pour l'art, pour le jeu sans nuances et le chant sans inflexions, Bouvard déclarait ne pouvoir l'entendre chanter. Il lui trouvait le type mousquetaire, les façons goguenardes, les faciles élégances d'un sentimentalisme suranné.

Mais l'objet de leurs plus vifs débats était Reynaldo Hahn. Tandis que son intimité avec Massenet, lui attirant sans cesse les cruels sarcasmes de Bouvard, le désignait impitoyablement comme victime aux prédilections passionnées de Pécuchet, il avait le don d'exaspérer ce dernier par son admiration pour Verlaine, partagée d'ailleurs par Bouvard. « Travaillez sur Jacques Normand, Sully Prudhomme, le vicomte de Borrelli. Dieu merci, dans le pays des trouvères, les poètes ne manquent pas », ajoutait-il patriotiquement. Et, partagé entre les sonorités tudesques du nom de Hahn et la désinence méridionale de son prénom Reynaldo, préférant l'exécuter en haine de Wagner plutôt que l'absoudre en faveur de Verdi, il concluait rigoureusement en se tournant vers Bouvard :

« Malgré l'effort de tous vos beaux messieurs, notre beau pays de France est un pays de clarté, et la musique française sera claire ou ne sera pas, énonçait-il en frappant sur la table pour plus de force.

« Foin de vos excentricités d'au-delà de la Manche et de vos brouillards d'outre-Rhin, ne regardez donc pas toujours de l'autre côté des Vosges ! – ajoutait-il en

regardant Bouvard avec une fixité sévère et pleine de
sous-entendus, – excepté pour la défense de la patrie.
Que la *Walkyrie* puisse plaire même en Allemagne, j'en
doute… Mais, pour des oreilles françaises, elle sera toujours le plus infernal des supplices – et le plus cacopho-
nique ! ajoutez le plus humiliant pour notre fierté
nationale. D'ailleurs cet opéra n'unit-il pas à ce que la
dissonance a de plus atroce ce que l'inceste a de plus
révoltant ! Votre musique, monsieur, est pleine de
monstres, et on ne sait plus qu'inventer ! Dans la nature
même, – mère pourtant de la simplicité, – l'horrible seul
vous plaît. M. Delafosse n'écrit-il pas des mélodies sur
les chauves-souris, où l'extravagance du compositeur
compromettra la vieille réputation du pianiste ? que ne
choisissait-il quelque gentil oiseau ? Des mélodies sur les
moineaux seraient au moins bien parisiennes ; l'hirondelle a de la légèreté et de la grâce, et l'alouette est si
éminemment française que César, dit-on, en faisait
piquer de toutes rôties sur le casque de ses soldats. Mais
des chauves-souris !!! Le Français, toujours altéré de
franchise et de clarté, toujours exécrera ce ténébreux
animal. Dans les vers de M. de Montesquiou, passe
encore, fantaisie de grand seigneur blasé, qu'à la rigueur
on peut lui permettre, mais en musique ! à quand le
Requiem des kangourous ?... – Cette bonne plaisanterie
déridait Bouvard. – Avouez que je vous ai fait rire, disait
Pécuchet (sans fatuité répréhensible, car la conscience
de leur mérite est tolérable chez les gens d'esprit),
topons-là, vous êtes désarmé ! »

MÉLANCOLIQUE VILLÉGIATURE
DE MADAME DE BREYVES

> « Ariane, ma sœur, de quelle amour blessée
> Vous mourûtes aux bords où vous fûtes
> [laissée ! »

I

Françoise de Breyves hésita longtemps, ce soir-là, pour savoir si elle irait à la soirée de la princesse Élisabeth d'A..., à l'Opéra, ou à la comédie des Livray.

Chez les amis où elle venait de dîner, on était sorti de table depuis plus d'une heure. Il fallait prendre un parti.

Son amie Geneviève, qui devait revenir avec elle, tenait à la soirée de Mme d'A..., tandis que, sans bien savoir pourquoi, Mme de Breyves aurait préféré faire une des deux autres choses, ou même une troisième, rentrer se coucher. On annonça sa voiture. Elle n'était toujours pas décidée.

« Vraiment, dit Geneviève, tu n'es pas gentille, puisque je crois que Rezké chantera et que cela m'amuse. On dirait que cela peut avoir de graves conséquences pour toi d'aller chez Élisabeth. D'abord, je te dirai que tu n'es pas allée cette année à une seule de ses grandes soirées, et liée avec elle comme tu l'es, ce n'est pas très gentil. »

Françoise, depuis la mort de son mari, qui l'avait laissée veuve à vingt ans – il y avait quatre ans de cela –, ne faisait presque rien sans Geneviève et aimait à lui faire plaisir. Elle ne résista pas plus longtemps à sa prière, et, après avoir dit adieu aux maîtres de la maison et aux invités désolés d'avoir si peu joui d'une des femmes les plus recherchées de Paris, dit au valet de pied :

« Chez la princesse d'A… »

II

La soirée de la princesse fut très ennuyeuse. À un moment Mme de Breyves demanda à Geneviève :

« Qui est donc ce jeune homme qui t'a menée au buffet ?

– C'est M. de Laléande que je ne connais d'ailleurs pas du tout. Veux-tu que je te le présente ? il me l'avait demandé, j'ai répondu dans le vague, parce qu'il est très insignifiant et ennuyeux, et comme il te trouve très jolie il ne te lâcherait plus.

– Oh alors ! non, dit Françoise, il est un peu laid du reste et vulgaire, malgré d'assez beaux yeux.

– Tu as raison, dit Geneviève. Et puis tu le rencontreras souvent, cela pourrait te gêner si tu le connaissais. »

Elle ajouta en plaisantant :

« Maintenant si tu désires être intime avec lui, tu perds une bien belle occasion.

– Oui, une bien belle occasion, dit Françoise, – et elle pensait déjà à autre chose.

– Après tout, dit Geneviève, prise sans doute du remords d'avoir été un si infidèle mandataire et d'avoir gratuitement privé ce jeune homme d'un plaisir, c'est une des dernières soirées de la saison, cela n'aurait rien de bien grave et ce serait peut-être plus gentil.

– Eh bien soit, s'il revient par ici. »

Il ne revint pas. Il était à l'autre bout du salon, en face d'elles.

« Il faut nous en aller, dit bientôt Geneviève.

– Encore un instant, dit Françoise. »

Et par caprice, surtout de coquetterie envers ce jeune homme qui devait en effet la trouver bien jolie, elle se mit à le regarder un peu longtemps, puis détournait les yeux et les fixait de nouveau sur lui. En le regardant, elle s'efforçait d'être caressante, elle ne savait pourquoi, pour rien, pour le plaisir, le plaisir de la charité, et de l'orgueil un peu, et aussi de l'inutile, le plaisir de ceux qui écrivent un nom sur un arbre pour un passant qu'ils ne verront jamais, de ceux qui jettent une bouteille à la mer. Le temps passait, il était déjà tard ; M. de Laléande se dirigea vers la porte, qui resta ouverte après qu'il fut sorti, et Mme de Breyves l'apercevait au fond du vestibule qui tendait son numéro au vestiaire.

« Il est temps de partir, tu as raison », dit-elle à Geneviève.

Elles se levèrent. Mais le hasard d'un mot qu'un ami de Geneviève avait à lui dire laissa Françoise seule au vestiaire. Il n'y avait là à ce moment que M. de Laléande qui ne pouvait trouver sa canne. Françoise s'amusa une dernière fois à le regarder. Il passa près d'elle, remua légèrement le coude de Françoise avec le sien, et, les yeux brillants, dit, au moment où il était contre elle, ayant toujours l'air de chercher :

« Venez chez moi, 5, rue Royale. »

Elle avait si peu prévu cela et maintenant M. de Laléande continuait si bien à chercher sa canne, qu'elle ne sut jamais très exactement dans la suite si ce n'avait pas été une hallucination. Elle avait surtout très peur, et le prince d'A… passant à ce moment elle l'appela, voulait prendre rendez-vous avec lui pour faire le lendemain une promenade, parlait avec volubilité. Pendant cette conversation M. de Laléande s'en était allé. Geneviève arriva au bout d'un instant et les deux femmes partirent. Mme de Breyves ne raconta rien et resta choquée et flattée, au fond très indifférente. Au bout de deux jours, y ayant repensé par hasard, elle commença de douter de la réalité des paroles de M. de Laléande. Essayant de se rappeler, elle ne le put pas complètement, crut les avoir entendues comme dans un rêve et se dit que le mouvement du coude était une maladresse fortuite. Puis elle ne pensa plus spontanément à M. de Laléande et quand par hasard elle entendait prononcer son nom, elle se rappelait rapidement sa figure et avait tout à fait oublié la presque hallucination au vestiaire.

Elle le revit à la dernière soirée qui fut donnée cette année-là (juin finissait), n'osa pas demander qu'on le lui présentât, et pourtant, malgré qu'elle le trouvât presque laid, le sût pas intelligent, elle aurait bien aimé le connaître. Elle s'approcha de Geneviève et lui dit :

« Présente-moi tout de même M. de Laléande. Je n'aime pas à être impolie. Mais ne dis pas que c'est moi qui le demande. Cela m'engagerait trop.

— Tout à l'heure si nous le voyons, il n'est pas là pour le moment.

— Eh bien, cherche-le.

— Il est peut-être parti.

— Mais non, dit très vite Françoise, il ne peut pas être parti, il est trop tôt. Oh ! déjà minuit. Voyons, ma petite Geneviève, ça n'est pourtant pas bien difficile.

L'autre soir, c'était toi qui voulais. Je t'en prie, cela a un intérêt pour moi. »

Geneviève la regarda un peu étonnée et alla à la recherche de M. de Laléande ; il était parti.

« Tu vois que j'avais raison, dit Geneviève, en revenant auprès de Françoise.

— Je m'assomme ici, dit Françoise, j'ai mal à la tête, je t'en prie, partons tout de suite. »

III

Françoise ne manqua plus une fois l'Opéra, accepta avec un espoir vague tous les dîners où elle fut encore invitée. Quinze jours se passèrent, elle n'avait pas revu M. de Laléande et souvent s'éveillait la nuit en pensant aux moyens de le revoir. Tout en se répétant qu'il était ennuyeux et pas beau, elle était plus préoccupée par lui que par tous les hommes les plus spirituels et les plus charmants. La saison finie, il ne se présenterait plus d'occasion de le revoir, elle était résolue à en créer et cherchait.

Un soir, elle dit à Geneviève :

« Ne m'as-tu pas dit que tu connaissais un M. de Laléande ?

— Jacques de Laléande ? Oui et non, il m'a été présenté, mais il ne m'a jamais laissé de cartes, je ne suis pas du tout en relation avec lui.

— C'est que je te dirai, j'ai un petit intérêt, même assez grand, pour des choses qui ne me concernent pas et qu'on ne me permettra sans doute pas de te dire avant un mois (d'ici là elle aurait convenu avec lui d'un mensonge pour n'être pas découverte, et cette pensée d'un secret où seuls ils seraient tous les deux lui était douce), à faire sa connaissance et à me trouver avec lui. Je t'en prie, tâche de me trouver un moyen parce que la saison est finie, il n'y aura plus rien et je ne pourrai plus me le faire présenter. »

Les étroites pratiques de l'amitié, si purifiantes quand elles sont sincères, abritaient Geneviève aussi bien que Françoise des curiosités stupides qui sont l'infâme volupté de la plupart des gens du monde. Aussi de tout son cœur, sans avoir eu un instant l'intention ni le désir, pas même l'idée d'interroger son amie, Geneviève cherchait, se fâchait seulement de ne pas trouver.

« C'est malheureux que Mme d'A… soit partie. Il y a bien M. de Grumello, mais après tout, cela n'avance à rien, quoi lui dire ? Oh ! j'ai une idée. M. de Laléande joue du violoncelle assez mal, mais cela ne fait rien. M. de Grumello l'admire, et puis il est si bête et sera si content de te faire plaisir. Seulement toi qui l'avais toujours tenu à l'écart et qui n'aimes pas lâcher les gens après t'en être servie, tu ne vas pas vouloir être obligée de l'inviter l'année prochaine. »

Mais déjà Françoise, rouge de joie, s'écriait :

« Mais cela m'est bien égal, j'inviterai tous les rastaquouères de Paris s'il le faut. Oh ! fais-le vite, ma petite Geneviève, que tu es gentille ! »

Et Geneviève écrivit :

« Monsieur, vous savez comme je cherche toutes les occasions de faire plaisir à mon amie, Mme de Breyves, que vous avez sans doute déjà rencontrée. Elle a exprimé devant moi, à plusieurs reprises, comme nous parlions violoncelle, le regret de n'avoir jamais entendu

M. de Laléande qui est un si bon ami à vous. Voudriez-vous le faire jouer pour elle et pour moi ? Maintenant qu'on est si libre, cela ne vous dérangera pas trop et ce serait tout ce qu'il y a de plus aimable. Je vous envoie tous mes meilleurs souvenirs,

« ALÉRIOUVRE BUIVRES. »

« Portez ce mot tout de suite chez M. de Grumello, dit Françoise à un domestique ; n'attendez pas de réponse, mais faites-le remettre devant vous. »

Le lendemain, Geneviève faisait porter à Mme de Breyves la réponse suivante de M. de Grumello :

« Madame,

« J'aurais été plus charmé que vous ne pouvez le penser de satisfaire votre désir et celui de Mme de Breyves, que je connais un peu et pour qui j'éprouve la sympathie la plus respectueuse et la plus vive. Aussi je suis désespéré qu'un bien malheureux hasard ait fait partir M. de Laléande il y a juste deux jours pour Biarritz où il va, hélas ! passer plusieurs mois.

« Daignez accepter, Madame, etc.

« GRUMELLO. »

Françoise se précipita toute blanche vers sa porte pour la fermer à clef, elle en eut à peine le temps. Déjà des sanglots venaient se briser à ses lèvres, ses larmes coulaient. Jusque-là tout occupée à imaginer des romans pour le voir et le connaître, certaine de les réaliser dès qu'elle le voudrait, elle avait vécu de ce désir et de cet espoir sans peut-être s'en rendre bien compte. Mais par mille imperceptibles racines qui avaient plongé dans toutes ses plus

inconscientes minutes de bonheur ou de mélancolie, y faisant circuler une sève nouvelle, sans qu'elle sût d'où elle
venait, ce désir s'était implanté en elle. Voici qu'on l'arra-
chait pour le rejeter dans l'impossible. Elle se sentit déchi-
rée, dans une horrible souffrance de tout cet elle-même
déraciné tout d'un coup, et à travers les mensonges subitement éclaircis de son espoir, dans la profondeur de son
chagrin, elle vit la réalité de son amour.

IV

Françoise se retira davantage chaque jour de toutes les
joies. Aux plus intenses, à celles mêmes qu'elle goûtait
dans son intimité avec sa mère ou avec Geneviève, dans
ses heures de musique, de lecture ou de promenade, elle
ne prêtait plus qu'un cœur possédé par un chagrin jaloux
et qui ne le quittait pas un instant. La peine était infinie
que lui causaient et l'impossibilité d'aller à Biarritz, et,
cela eût-il été possible, sa détermination absolue de n'y
point aller compromettre par une démarche insensée tout
le prestige qu'elle pouvait avoir aux yeux de M. de
Laléande. Pauvre petite victime à la torture sans qu'elle
sût pourquoi, elle s'effrayait à la pensée que ce mal allait
peut-être ainsi durer des mois avant que le remède vînt,
sans la laisser dormir calme, rêver libre. Elle s'inquiétait
aussi de ne pas savoir s'il ne repasserait pas par Paris,
bientôt peut-être, sans qu'elle le sût. Et la peur de laisser
passer une seconde fois le bonheur si près l'enhardit, elle
envoya un domestique s'informer chez le concierge de M.
de Laléande. Il ne savait rien. Alors, comprenant que plus
une voile d'espoir n'apparaîtrait au ras de cette mer de

chagrin qui s'élargissait à l'infini, après l'horizon de laquelle il semblait qu'il n'y eût plus rien et que le monde finissait, elle sentit qu'elle allait faire des choses folles, elle ne savait quoi, lui écrire peut-être, et devenue son propre médecin, pour se calmer un peu, elle se permit à soi-même de tâcher de lui faire apprendre qu'elle avait voulu le voir et écrivit ceci à M. de Grumello :

« Monsieur,

« Mme de Buivres me dit votre aimable pensée. Comme je vous remercie et suis touchée ! Mais une chose m'inquiète. M. de Laléande ne m'a-t-il pas trouvée indiscrète ! Si vous ne le savez pas, demandez-le-lui et répondez-moi, quand vous la saurez, toute la vérité. Cela me rend très curieuse et vous me ferez plaisir. Merci encore, Monsieur.

« Croyez à mes meilleurs sentiments,

« VORAGYNES BREYVES. »

Une heure après, un domestique lui portait cette lettre :

« Ne vous inquiétez pas, Madame, M. de Laléande n'a pas su que vous vouliez l'entendre. Je lui avais demandé les jours où il pourrait venir jouer chez moi sans dire pour qui. Il m'a répondu de Biarritz qu'il ne reviendrait pas avant le mois de janvier. Ne me remerciez pas non plus. Mon plus grand plaisir serait de vous en faire un peu, etc.

Il n'y avait plus rien à faire. Elle ne fit plus rien, s'attrista de plus en plus, eut des remords de s'attrister ainsi, d'attrister sa mère. Elle alla passer quelques jours

à la campagne, puis partit pour Trouville. Elle y entendit
parler des ambitions mondaines de M. de Laléande, et
quand un prince s'ingéniant lui disait : « Que pourrais-je
pour vous faire plaisir ? » elle s'égayait presque à imaginer
combien il serait étonné si elle lui avait répondu sincère-
ment, et concentrait pour la savourer toute l'enivrante
amertume qu'il y avait dans l'ironie de ce contraste entre
toutes les grandes choses difficiles qu'on avait toujours
faites pour lui plaire, et la petite chose si facile et si impossible qui lui aurait rendu le calme, la santé, le bonheur et
le bonheur des siens. Elle ne se plaisait un peu qu'au
milieu de ses domestiques, qui avaient une immense
admiration pour elle et qui la servaient sans oser lui parler, la sentant si triste. Leur silence respectueux et chagrin lui parlait de M. de Laléande. Elle l'écoutait avec
volupté et les faisait servir très lentement le déjeuner pour
retarder le moment où ses amies viendraient, où il faudrait se contraindre. Elle voulait garder longtemps dans
la bouche ce goût amer et doux de toute cette tristesse
autour d'elle à cause de lui. Elle aurait aimé que plus
d'êtres encore fussent dominés par lui, se soulageant à
sentir ce qui tenait tant de place dans son cœur en
prendre un peu autour d'elle, elle aurait voulu avoir à soi
des bêtes énergiques qui auraient langui de son mal. Par
moments, désespérée, elle voulait lui écrire, ou lui faire
écrire, se déshonorer, « rien ne lui était plus ». Mais il lui
valait mieux, dans l'intérêt même de son amour, garder
sa situation mondaine, qui pourrait lui donner plus
d'autorité sur lui, un jour, si ce jour venait. Et si une
courte intimité avec lui rompait le charme qu'il avait jeté
sur elle (elle ne voulait pas, ne pouvait pas le croire, même
l'imaginer un instant ; mais son esprit plus perspicace

apercevait cette fatalité cruelle à travers les aveuglements de son cœur), elle resterait sans un seul appui au monde, après. Et si quelque autre amour survenait, elle n'aurait plus les ressources qui au moins lui demeuraient maintenant, cette puissance qui à leur retour à Paris, lui rendrait si facile l'intimité de M. de Laléande. Essayant de séparer d'elle ses propres sentiments et de les regarder comme un objet qu'on examine, elle se disait : « Je le sais médiocre et l'ai toujours trouvé tel. C'est bien mon jugement sur lui, il n'a pas varié. Le trouble s'est glissé depuis mais n'a pu altérer ce jugement. C'est si peu que cela, et c'est pour ce peu-là que je vis. Je vis pour Jacques de Laléande ! » Mais aussitôt, ayant prononcé son nom, par une association involontaire cette fois et sans analyse, elle le revoyait et elle éprouvait tant de bien-être et tant de peine, qu'elle sentait que ce peu de chose qu'il était importait peu, puisqu'il lui faisait éprouver des souffrances et des joies auprès desquelles les autres n'étaient rien. Et bien qu'elle pensât qu'à le connaître mieux tout cela se dissiperait, elle donnait à ce mirage toute la réalité de sa douleur et de sa volupté. Une phrase des *Maîtres chanteurs* entendue à la soirée de la princesse d'A… avait le don de lui évoquer M. de Laléande avec le plus de précision (*Dem Vogel der heut sang dem war der Schnabel hold gewachsen*). Elle en avait fait sans le vouloir le véritable *leitmotiv* de M. de Laléande, et, l'entendant un jour à Trouville dans un concert, elle fondit en larmes. De temps en temps, pas trop souvent pour ne pas se blaser, elle s'enfermait dans sa chambre, où elle avait fait transporter le piano et se mettait à la jouer en fermant les yeux pour mieux le voir, c'était sa seule joie grisante avec des fins désenchantées, l'opium dont elle ne pouvait se passer. S'arrêtant parfois à écouter couler sa peine comme on se penche pour entendre la douce plainte incessante d'une source et songeant à l'atroce alternative entre sa honte future d'où suivrait le désespoir des siens et (si elle ne cédait pas) sa tristesse éternelle, elle se maudissait d'avoir si savamment dosé dans son amour le plaisir et la peine qu'elle n'avait su ni le rejeter tout d'abord comme un insupportable poison, ni s'en guérir ensuite. Elle maudissait ses yeux d'abord et peut-être avant eux son détestable esprit de coquetterie et de curiosité qui les avait épanouis comme des fleurs pour tenter ce jeune homme, puis qui l'avait exposée aux regards de M. de Laléande, certains comme des traits et d'une plus invincible douceur que si ç'avaient été des piqûres de morphine. Elle maudissait son imagination aussi ; elle avait si tendrement nourri son amour que Françoise se demandait parfois si seule aussi son imagination ne l'avait pas enfanté, cet amour qui maintenant maîtrisait sa mère et la torturait. Elle maudissait sa finesse aussi, qui avait si habilement, si bien et si mal arrangé tant de romans pour le revoir que leur décevante impossibilité l'avait peut-être attachée davantage encore à leur héros, – sa bonté et la délicatesse de son cœur qui, si elle se donnait, empesteraient de remords et de honte la joie de ces amours coupables, – sa volonté si impétueuse, si cabrée, si hardie à sauter les obstacles quand ses désirs la menaient à l'impossible, si faible, si molle, si brisée, non seulement quand il fallait leur désobéir, mais quand c'était par quelque autre sentiment qu'elle était conduite. Elle maudissait enfin sa pensée sous ses plus divines espèces, le don suprême qu'elle avait reçu et à qui l'on a, sans avoir su lui trouver son nom véritable, donné tous les noms, – intuition du poète, extase du croyant, sentiment profond de la nature et de la musique, – qui avait mis devant son amour des sommets, des horizons infinis, les avait laissés baigner dans la surnaturelle lumière de son charme et avait en échange prêté à son amour un peu du sien, qui avait intéressé à cet amour, solidarisé avec lui et confondu toute sa plus haute et sa plus intime vie intérieure, avait consacré à lui, comme le trésor d'une église à la Madone, tous les plus précieux joyaux de son cœur et de sa pensée, de son cœur, qu'elle écoutait gémir dans les soirées ou sur la mer dont la mélancolie et celle qu'elle avait de ne le point voir étaient maintenant sœurs : elle maudissait cet inexprimable sentiment du mystère des choses où notre esprit s'abîme dans un rayonnement de beauté, comme le soleil couchant dans la mer, pour avoir approfondi son amour, l'avoir immatérialisé, élargi, infinisé sans l'avoir rendu moins torturant, « car (comme l'a dit Baudelaire, parlant des fins d'après-midi d'automne) il est des sensations dont le vague n'exclut pas l'intensité et il n'est pas de pointe plus acérée que celle de l'infini ».

V

(et se consumait depuis le jour levant, sur les algues du rivage, gardant au fond du cœur, comme une flèche dans le foie la plaie cuisante de la grande Kypris.)

THÉOCRITE, « Le Cyclope »

C'est à Trouville que je viens de retrouver Mme de Breyves, que j'avais connue plus heureuse. Rien ne peut la guérir. Si elle aimait M. de Laléande pour sa beauté ou pour son esprit, on pourrait chercher pour la distraire un jeune homme plus spirituel ou plus beau. Si c'était sa bonté ou son amour pour elle qui l'avait attachée à lui, un autre pourrait essayer de l'aimer avec plus de fidélité. Mais M. de Laléande n'est ni beau ni intelligent. Il n'a pas eu l'occasion de lui prouver s'il était tendre ou dur, oublieux ou fidèle. C'est donc bien lui qu'elle aime et non des mérites ou des charmes qu'on pourrait trouver à un aussi haut degré chez d'autres ; c'est bien lui qu'elle aime malgré ses imperfections, malgré sa médiocrité ; elle est donc destinée à l'aimer malgré tout. *Lui*, savait-elle ce que c'était ? sinon qu'il en émanait pour elle de tels frissons de désolation ou de béatitude que tout le reste de sa vie et des choses ne comptait plus. La figure la plus belle, la plus originale intelligence n'auraient pas cette essence particulière et mystérieuse, si unique, que jamais une personne humaine n'aura son double exact dans l'infini des mondes ni dans l'éternité du temps. Sans Geneviève de Buivres, qui la conduisit innocemment chez Mme d'A…, tout cela n'eût pas été. Mais les circonstances se sont enchaînées et l'ont emprisonnée, victime d'un mal sans remède, parce qu'il est sans raison. Certes, M. de Laléande, qui promène sans doute en ce moment sur la plage de Biarritz une vie médiocre et des rêves chétifs, serait bien étonné s'il savait l'autre existence miraculeusement intense au point de tout se subordonner, d'annihiler tout ce qui n'est pas elle, qu'il a dans l'âme de Mme de Breyves, existence aussi continue que son existence personnelle, se traduisant aussi effectivement par des actes, s'en distinguant seulement par une conscience plus aiguë, moins intermittente, plus riche. Qu'il serait étonné s'il savait que lui, peu recherché d'ordinaire sous ses espèces matérielles, est subitement évoqué où qu'aille Mme de Breyves, au milieu des gens du plus de talent, dans les salons les plus fermés, dans les paysages qui se suffisent le plus à eux-mêmes, et qu'aussitôt cette femme si aimée n'a plus de tendresse, de pensée, d'attention, que pour le souvenir de cet intrus devant qui tout s'efface comme si lui seul avait la réalité d'une personne et si les personnes présentes étaient vaines comme des souvenirs et comme des ombres.

Que Mme de Breyves se promène avec un poète ou déjeune chez une archiduchesse, qu'elle quitte Trouville pour la montagne ou pour les champs, qu'elle soit seule et lise, ou cause avec l'ami le mieux aimé, qu'elle monte à cheval ou qu'elle dorme, le nom, l'image de M. de Laléande est sur elle, délicieusement, cruellement, inévitablement, comme le ciel est sur nos têtes. Elle en est arrivée, elle qui détestait Biarritz, à trouver à tout ce qui touche à cette ville un charme douloureux et troublant. Elle s'inquiète des gens qui y sont, qui le verront peut-être sans le savoir, qui vivront peut-être avec lui sans en jouir. Pour ceux-là elle est sans rancune, et sans oser leur donner de commissions, elle les interroge sans cesse, s'étonnant parfois qu'on l'entende tant parler à l'entour de son secret sans que personne l'ait découvert. Une grande photographie de Biarritz est un des seuls ornements de sa chambre. Elle prête à l'un des promeneurs qu'on y voit sans le distinguer les traits de M. de Laléande. Si elle savait la mauvaise musique qu'il aime et qu'il joue, les romances méprisées prendraient sans doute sur son piano et bientôt dans son cœur la place des symphonies de Beethoven et des drames de Wagner, par un abaissement sentimental de son goût, et par le charme que celui d'où lui vient tout charme et toute peine projetterait sur elles. Parfois l'image de celui qu'elle a vu seulement deux ou trois fois et pendant quelques instants, qui tient une si petite place dans les événements extérieurs de sa vie et qui en a pris une dans sa pensée et dans son cœur absorbante jusqu'à les occuper tout entiers, se trouble devant les yeux fatigués de sa mémoire. Elle ne le voit plus, ne se rappelle plus ses traits, sa silhouette, presque plus ses yeux. Cette image, c'est pourtant tout ce qu'elle a de lui. Elle s'affole à la pensée qu'elle la pourrait perdre, que le désir – qui, certes, la torture, mais qui est tout elle-même maintenant, en lequel elle s'est toute réfugiée, après avoir tout fui, auquel elle tient comme on tient à sa conservation, à la vie, bonne ou mauvaise – pourrait s'évanouir et qu'il ne resterait plus que le sentiment d'un malaise et d'une souffrance de rêve, dont elle ne saurait plus l'objet qui les cause, ne le verrait même plus dans sa pensée et ne l'y pourrait plus chérir. Mais voici que l'image de M. de Laléande est revenue après ce trouble momentané de vision intérieure. Son chagrin peut recommencer et c'est presque une joie.

Comment Mme de Breyves supportera-t-elle ce retour à Paris où lui ne reviendra qu'en janvier ? Que fera-t-elle d'ici là ? Que fera-t-elle, que fera-t-il après ?

Vingt fois j'ai voulu partir pour Biarritz, et ramener M. de Laléande. Les conséquences seraient peut-être terribles, mais je n'ai pas à l'examiner, elle ne le permet point. Mais je me désole de voir ces petites tempes battues du dedans jusqu'à en être brisées par les coups sans trêve de cet amour inexplicable. Il rythme toute sa vie sur un mode d'angoisse. Souvent elle imagine qu'il va venir à Trouville, s'approcher d'elle, lui dire qu'il l'aime. Elle le voit, ses yeux brillent. Il lui parle avec cette voix blanche du rêve qui nous défend de croire tout en même temps qu'il nous force à écouter. C'est lui. Il lui dit ces paroles qui nous font délirer, malgré que nous ne les entendions jamais qu'en songe, quand nous y voyons briller, si attendrissant, le divin sourire confiant des destinées qui s'unissent. Aussitôt le sentiment que les deux mondes de la réalité et de son désir sont parallèles, qu'il leur est aussi impossible de se rejoindre qu'à l'ombre le corps qui l'a projetée, la réveille. Alors se souvenant de la minute au vestiaire où son coude frôla son coude, où il lui offrit ce corps qu'elle pourrait maintenant serrer contre le sien si elle avait voulu, si elle avait su, et qui est peut-être à jamais loin d'elle, elle sent des cris de désespoir et de révolte la traverser tout entière comme ceux qu'on entend sur les vaisseaux qui vont sombrer. Si, se promenant sur la plage ou dans les bois elle laisse un plaisir de contemplation ou de rêverie, moins que cela une bonne odeur, un chant que la brise apporte et voile, doucement la gagner, lui faire pendant un instant oublier son mal, elle sent subitement dans un grand coup au cœur une blessure douloureuse et, plus haut que les vagues ou que les feuilles, dans l'incertitude de l'horizon sylvestre ou marin, elle aperçoit l'indécise image de son invisible et présent vainqueur qui, les yeux brillants à travers les nuages comme le jour où il s'offrit à elle, s'enfuit avec le carquois dont il vient encore de lui décocher une flèche.

Juillet 1893

PORTRAITS
DE PEINTRES
ET DE
MUSICIENS

PORTRAITS DE PEINTRES

ALBERT CUYP

Cuyp, soleil déclinant dissous dans l'air limpide
Qu'un vol de ramiers gris trouble comme de l'eau,
Moiteur d'or, nimbe au front d'un bœuf ou d'un
                                            [bouleau,
Encens bleu des beaux jours fumant sur le coteau,
Ou marais de clarté stagnant dans le ciel vide.
Des cavaliers sont prêts, plume rose au chapeau,
Paume au côté; l'air vif qui fait rose leur peau,
Enfle légèrement leurs fines boucles blondes,
Et, tentés par les champs ardents, les fraîches ondes,
Sans troubler par leur trot les bœufs dont le troupeau
Rêve dans un brouillard d'or pâle et de repos,
Ils partent respirer ces minutes profondes.

PAULUS POTTER

Sombre chagrin des ciels uniformément gris,
Plus tristes d'être bleus aux rares éclaircies,
Et qui laissent alors sur les plaines transies
Filtrer les tièdes pleurs d'un soleil incompris;
Potter, mélancolique humeur des plaines sombres

Qui s'étendent sans fin, sans joie et sans couleur,
Les arbres, le hameau ne répandent pas d'ombres,
Les maigres jardinets ne portent pas de fleur.
Un laboureur tirant des seaux rentre, et, chétive,
Sa jument résignée, inquiète et rêvant,
Anxieuse, dressant sa cervelle pensive,
Hume d'un souffle court le souffle fort du vent.

ANTOINE WATTEAU

Crépuscule grimant les arbres et les faces,
Avec son manteau bleu, sous son masque incertain ;
Poussière de baisers autour des bouches lasses…
Le vague devient tendre, et le tout près, lointain.
La mascarade, autre lointain mélancolique,
Fait le geste d'aimer plus faux, triste et charmant.
Caprice de poète – ou prudence d'amant,
L'amour ayant besoin d'être orné savamment –
Voici barques, goûters, silences et musique.

ANTOINE VAN DYCK

Douce fierté des cœurs, grâce noble des choses
Qui brillent dans les yeux, les velours et les bois,
Beau langage élevé du maintien et des poses
– Héréditaire orgueil des femmes et des rois ! –,
Tu triomphes, Van Dyck, prince des gestes calmes,
Dans tous les êtres beaux qui vont bientôt mourir,
Dans toute belle main qui sait encor s'ouvrir ;
Sans s'en douter, – qu'importe ? – elle te tend
                                        [les palmes !
Halte de cavaliers, sous les pins, près des flots

Calmes comme eux – comme eux bien proches des
[sanglots – ;
Enfants royaux déjà magnifiques et graves,
Vêtements résignés, chapeaux à plumes braves,
Et bijoux en qui pleure – onde à travers les flammes –
L'amertume des pleurs dont sont pleines les âmes
Trop hautaines pour les laisser monter aux yeux ;
Et toi par-dessus tous, promeneur précieux,
En chemise bleu pâle, une main à la hanche,
Dans l'autre un fruit feuillu détaché de la branche,
Je rêve sans comprendre à ton geste et tes yeux :
Debout, mais reposé, dans cet obscur asile,
Duc de Richmond, ô jeune sage ! – ou charmant fou ? –
Je te reviens toujours : Un saphir, à ton cou,
A des feux aussi doux que ton regard tranquille.

PORTRAITS DE MUSICIENS

CHOPIN

Chopin, mer de soupirs, de larmes, de sanglots
Qu'un vol de papillons sans se poser traverse
Jouant sur la tristesse ou dansant sur les flots.
Rêve, aime, souffre, crie, apaise, charme ou berce,
Toujours tu fais courir entre chaque douleur
L'oubli vertigineux et doux de ton caprice
Comme les papillons volent de fleur en fleur ;
De ton chagrin alors ta joie est la complice :
L'ardeur du tourbillon accroît la soif des pleurs.
De la lune et des eaux pâle et doux camarade,
Prince du désespoir ou grand seigneur trahi,

Tu t'exaltes encore, plus beau d'être pâli,
Du soleil inondant ta chambre de malade
Qui pleure à lui sourire et souffre de le voir…
Sourire du regret et larmes de l'Espoir !

GLUCK

Temple à l'amour, à l'amitié, temple au courage
Qu'une marquise a fait élever dans son parc
Anglais, où maint amour Watteau bandant son arc
Prend des cœurs glorieux pour cibles de sa rage.

Mais l'artiste allemand – qu'elle eût rêvé de Cnide ! –
Plus grave et plus profond sculpta sans mignardise
Les amants et les dieux que tu vois sur la frise :
Hercule a son bûcher dans les jardins d'Armide !

Les talons en dansant ne frappent plus l'allée
Où la cendre des yeux et du sourire éteints
Assourdit nos pas lents et bleuit les lointains ;
La voix des clavecins s'est tue ou s'est fêlée.

Mais votre cri muet, Admète, Iphigénie,
Nous terrifie encore, proféré par un geste
Et, fléchi par Orphée ou bravé par Alceste,
Le Styx, – sans mâts ni ciel, – où mouilla ton génie.

Gluck aussi comme Alceste a vaincu par l'Amour
La mort inévitable aux caprices d'un âge ;
Il est debout, auguste temple du courage,
Sur les ruines du petit temple à l'Amour.

SCHUMANN

Du vieux jardin dont l'amitié t'a bien reçu,
Entends garçons et nids qui sifflent dans les haies,
Amoureux las de tant d'étapes et de plaies,
Schumann, soldat songeur que la guerre a déçu.

La brise heureuse imprègne, où passent des colombes,
De l'odeur du jasmin l'ombre du grand noyer,
L'enfant lit l'avenir aux flammes du foyer,
Le nuage ou le vent parle à ton cœur des tombes.

Jadis tes pleurs coulaient aux cris du carnaval
Ou mêlaient leur douceur à l'amère victoire
Dont l'élan fou frémit encor dans ta mémoire ;
Tu peux pleurer sans fin : Elle est à ton rival.

Vers Cologne le Rhin roule ses eaux sacrées.
Ah ! que gaiement les jours de fête sur ses bords
Vous chantiez ! – Mais brisé de chagrin, tu t'endors…
Il pleut des pleurs dans des ténèbres éclairées.

Rêve où la morte vit, où l'ingrate a ta foi,
Tes espoirs sont en fleurs et son crime est en poudre…
Puis éclair déchirant du réveil, où la foudre
Te frappe de nouveau pour la première fois.

Coule, embaume, défile aux tambours ou sois belle !
Schumann, ô confident des âmes et des fleurs,
Entre tes quais joyeux fleuve saint des douleurs,
Jardin pensif, affectueux, frais et fidèle,
Où se baisent les lys, la lune et l'hirondelle,
Armée en marche, enfant qui rêve, femme en pleurs !

MOZART

Italienne aux bras d'un Prince de Bavière
Dont l'œil triste et glacé s'enchante à sa langueur !
Dans ses jardins frileux il tient contre son cœur
Ses seins mûris à l'ombre, où téter la lumière.

Sa tendre âme allemande, – un si profond soupir ! –
Goûte enfin la paresse ardente d'être aimée,
Il livre aux mains trop faibles pour le retenir
Le rayonnant espoir de sa tête charmée.

Chérubin, Don Juan ! loin de l'oubli qui fane
Debout dans les parfums tant il foula de fleurs
Que le vent dispersa sans en sécher les pleurs
Des jardins andalous aux tombes de Toscane !

Dans le parc allemand où brument les ennuis,
L'Italienne encore est reine de la nuit.
Son haleine y fait l'air doux et spirituel
Et sa Flûte enchantée égoutte avec amour
Dans l'ombre chaude encor des adieux d'un beau jour
La fraîcheur des sorbets, des baisers et du ciel.

LA CONFESSION D'UNE JEUNE FILLE

> « Les désirs des sens nous entraînent
> çà et là, mais l'heure passée, que rappor-
> tez-vous ? des remords de conscience et de
> la dissipation d'esprit. On sort dans la joie
> et souvent on revient dans la tristesse, et
> les plaisirs du soir attristent le matin.
> Ainsi la joie des sens flatte d'abord, mais à
> la fin elle blesse et elle tue. »
>
> *Imitation de Jésus-Christ,*
> LIVRE I, CH. XVIII

I

> Parmi l'oubli qu'on cherche aux fausses
> [allégresses,
> Revient plus virginal à travers les ivresses,
> Le doux parfum mélancolique du lilas.
> HENRI DE RÉGNIER

Enfin la délivrance approche. Certainement j'ai été
maladroite, j'ai mal tiré, j'ai failli me manquer. Certainement il aurait mieux valu mourir du premier coup,
mais enfin on n'a pas pu extraire la balle et les accidents
au cœur ont commencé. Cela ne peut plus être bien
long. Huit jours pourtant ! cela peut encore durer huit
jours ! pendant lesquels je ne pourrai faire autre chose
que m'efforcer de ressaisir l'horrible enchaînement. Si
je n'étais pas si faible, si j'avais assez de volonté pour
me lever, pour partir, je voudrais aller mourir aux
Oublis, dans le parc où j'ai passé tous mes étés jusqu'à
quinze ans. Nul lieu n'est plus plein de ma mère, tant

sa présence, et son absence plus encore, l'imprégnèrent de sa personne. L'absence n'est-elle pas pour qui aime la plus certaine, la plus efficace, la plus vivace, la plus indestructible, la plus fidèle des présences ?

Ma mère m'amenait aux Oublis à la fin d'avril, repartait au bout de deux jours, passait deux jours encore au milieu de mai, puis revenait me chercher dans la dernière semaine de juin. Ses venues si courtes étaient la chose la plus douce et la plus cruelle. Pendant ces deux jours elle me prodiguait des tendresses dont habituellement, pour m'endurcir et calmer ma sensibilité maladive, elle était très avare. Les deux soirs qu'elle passait aux Oublis, elle venait me dire bonsoir dans mon lit, ancienne habitude qu'elle avait perdue, parce que j'y trouvais trop de plaisir et trop de peine, que je ne m'endormais plus à force de la rappeler pour me dire bonsoir encore, n'osant plus à la fin, n'en ressentant que davantage le besoin passionné, inventant toujours de nouveaux prétextes, mon oreiller brûlant à retourner, mes pieds gelés qu'elle seule pourrait réchauffer dans ses mains… Tant de doux moments recevaient une douceur de plus de ce que je sentais que c'étaient ceux-là où ma mère était véritablement elle-même et que son habituelle froideur devait lui coûter beaucoup. Le jour où elle repartait, jour de désespoir où je m'accrochais à sa robe jusqu'au wagon, la suppliant de m'emmener à Paris avec elle, je démêlais très bien le sincère au milieu du feint, sa tristesse qui perçait sous ses reproches gais et fâchés par ma tristesse « bête, ridicule » qu'elle voulait m'apprendre à dominer, mais qu'elle partageait. Je ressens encore mon émotion d'un de ces jours de départ (juste cette émotion intacte, pas altérée par le douloureux retour d'aujourd'hui) d'un de ces jours de départ où je fis la douce découverte de sa tendresse si pareille et si supérieure à la mienne. Comme toutes les découvertes, elle avait été pressentie, devinée, mais les faits semblaient si souvent y contredire ! Mes plus douces impressions sont celles des années où elle revint aux Oublis, rappelée parce que j'étais malade. Non seulement elle me faisait une visite de plus sur laquelle je n'avais pas compté, mais surtout elle n'était plus alors que douceur et tendresse longuement épanchées sans dissimulation ni contrainte. Même dans ce temps-là où elles n'étaient pas encore adoucies, attendries par la pensée qu'un jour elles viendraient à me manquer, cette douceur, cette tendresse étaient tant pour moi que le charme des convalescences me fut toujours mortellement triste : le jour approchait où je serais assez guérie pour que ma mère pût repartir, et jusque-là je n'étais plus assez souffrante pour qu'elle ne reprît pas les sévérités, la justice sans indulgence d'avant.

Un jour, les oncles chez qui j'habitais aux Oublis m'avaient caché que ma mère devait arriver, parce qu'un petit cousin était venu passer quelques heures avec moi, et que je ne me serais pas assez occupée de lui dans l'angoisse joyeuse de cette attente. Cette cachotterie fut peut-être la première des circonstances indépendantes de ma volonté qui furent les complices de toutes les dispositions pour le mal que, comme tous les enfants de mon âge, et pas plus qu'eux alors, je portais en moi. Ce petit cousin qui avait quinze ans – j'en avais quatorze – était déjà très vicieux et m'apprit des choses qui me firent frissonner aussitôt de remords et de volupté. Je goûtais à l'écouter, à laisser ses mains caresser les miennes, une joie empoisonnée à sa source même ; bientôt j'eus la force de le quitter et je me sauvai dans le parc avec un besoin fou de ma mère que je savais, hélas ! être à Paris, l'appelant partout malgré moi par les allées. Tout à coup, passant devant une charmille, je l'aperçus sur un banc, souriante et m'ouvrant les bras. Elle releva son voile pour m'embrasser, je me précipitai contre ses joues en fondant en larmes ; je pleurai longtemps en lui racontant toutes ces vilaines choses qu'il fallait l'ignorance de mon âge pour lui dire et qu'elle sut écouter divinement, sans les comprendre, diminuant leur importance avec une bonté qui allégeait le poids de ma conscience. Ce poids s'allégeait, s'allégeait ; mon âme écrasée, humiliée montait de plus en plus légère et puissante, débordait, j'étais tout âme. Une divine douceur émanait de ma mère et de mon innocence revenue. Je sentis bientôt sous mes narines une odeur aussi pure et aussi fraîche. C'était un lilas dont une branche cachée par l'ombrelle de ma mère était déjà fleurie et qui, invisible, embaumait. Tout en haut des arbres, les oiseaux chantaient de toutes leurs forces. Plus haut, entre les cimes vertes, le ciel était d'un bleu si profond qu'il semblait à peine l'entrée d'un ciel où l'on pourrait monter sans fin. J'embrassai ma mère. Jamais je n'ai retrouvé la douceur de ce baiser. Elle repartit le lendemain et ce départ-là fut plus cruel que tous ceux qui avaient précédé. En même temps que la joie il me semblait que c'était maintenant que j'avais une fois péché, la force, le soutien nécessaires qui m'abandonnaient.

Toutes ces séparations m'apprenaient malgré moi ce que serait l'irréparable qui viendrait un jour, bien que jamais à cette époque je n'aie sérieusement envisagé la possibilité de survivre à ma mère. J'étais décidée à me

tuer dans la minute qui suivrait sa mort. Plus tard,
l'absence porta d'autres enseignements plus amers
encore, qu'on s'habitue à l'absence, que c'est la plus
grande diminution de soi-même, la plus humiliante
souffrance de sentir qu'on n'en souffre plus. Ces enseignements d'ailleurs devaient être démentis dans la suite.
Je repense surtout maintenant au petit jardin où je pre-
nais avec ma mère le déjeuner du matin et où il y avait
d'innombrables pensées. Elles m'avaient toujours paru
un peu tristes, graves comme des emblèmes, mais
douces et veloutées, souvent mauves, parfois violettes,
presque noires, avec de gracieuses et mystérieuses
images jaunes, quelques-unes entièrement blanches et
d'une frêle innocence. Je les cueille toutes maintenant
dans mon souvenir, ces pensées, leur tristesse s'est
accrue d'avoir été comprises, la douceur de leur velouté
est à jamais disparue.

II

Comment toute cette eau fraîche de souvenirs a-t-elle
pu jaillir encore une fois et couler dans mon âme impure
d'aujourd'hui sans s'y souiller ? Quelle vertu possède cette
matinale odeur de lilas pour traverser tant de vapeurs
fétides sans s'y mêler et s'y affaiblir ? Hélas ! en même
temps qu'en moi, c'est bien loin de moi, c'est hors de moi
que mon âme de quatorze ans se réveille encore. Je sais
bien qu'elle n'est plus mon âme et qu'il ne dépend plus de
moi qu'elle la redevienne. Alors pourtant je ne croyais pas
que j'en arriverais un jour à la regretter. Elle n'était que
pure, j'avais à la rendre forte et capable dans l'avenir des

plus hautes tâches. Souvent aux Oublis, après avoir été avec ma mère au bord de l'eau pleine des jeux du soleil et des poissons, pendant les chaudes heures du jour, – ou le matin et le soir me promenant avec elle dans les champs, je rêvais avec confiance cet avenir qui n'était jamais assez beau au gré de son amour, de mon désir de lui plaire, et des puissances sinon de volonté, au moins d'imagination et de sentiment qui s'agitaient en moi, appelaient tumultueusement la destinée où elles se réaliseraient et frappaient à coups répétés à la cloison de mon cœur comme pour l'ouvrir et se précipiter hors de moi, dans la vie. Si, alors, je sautais de toutes mes forces, si j'embrassais mille fois ma mère, courais au loin en avant comme un jeune chien, ou restée indéfiniment en arrière à cueillir des coquelicots et des bleuets, les rapportais en poussant des cris, c'était moins pour la joie de la promenade elle-même et de ces cueillettes que pour épancher mon bonheur de sentir en moi toute cette vie prête à jaillir, à s'étendre à l'infini, dans des perspectives plus vastes et plus enchanteresses que l'extrême horizon des forêts et du ciel que j'aurais voulu atteindre d'un seul bond. Bouquets de bleuets, de trèfles et de coquelicots, si je vous emportais avec tant d'ivresse, les yeux ardents, toute palpitante, si vous me faisiez rire et pleurer, c'est que je vous composais avec toutes mes espérances d'alors, qui maintenant, comme vous, ont séché, ont pourri, et sans avoir fleuri comme vous, sont retournées à la poussière.

Ce qui désolait ma mère, c'était mon manque de volonté. Je faisais tout par l'impulsion du moment. Tant qu'elle fut toujours donnée par l'esprit ou par le cœur, ma vie, sans être tout à fait bonne, ne fut pourtant pas vraiment mauvaise. La réalisation de tous mes beaux projets de travail, de calme, de raison, nous préoccupait par-dessus tout, ma mère et moi, parce que nous sentions, elle plus distinctement, moi confusément, mais avec beaucoup de force, qu'elle ne serait que l'image projetée dans ma vie de la création par moi-même et en moi-même de cette volonté qu'elle avait conçue et couvée. Mais toujours je l'ajournais au lendemain. Je me donnais du temps, je me désolais parfois de le voir passer, mais il y en avait encore tant devant moi ! Pourtant j'avais un peu peur, et sentais vaguement que l'habitude de me passer ainsi de vouloir commençait à peser sur moi de plus en plus fortement à mesure qu'elle prenait plus d'années, me doutant tristement que les choses ne changeraient pas tout d'un coup, et qu'il ne fallait guère compter, pour transformer ma vie et créer ma volonté, sur un miracle qui ne m'aurait coûté aucune peine. Désirer avoir de la volonté n'y suffisait pas. Il aurait fallu précisément ce que je ne pouvais sans volonté : le vouloir.

III

Et le vent furibond de la concupiscence
Fait claquer votre chair ainsi qu'un vieux
[drapeau.
BAUDELAIRE

Pendant ma seizième année, je traversai une crise qui me rendit souffrante. Pour me distraire, on me fit débuter dans le monde. Des jeunes gens prirent l'habitude de venir me voir. Un d'entre eux était pervers et méchant. Il avait des manières à la fois douces et hardies. C'est de lui que je devins amoureuse. Mes parents l'apprirent et ne brusquèrent rien pour ne pas me faire trop de peine. Passant tout le temps où je ne le voyais pas à penser à lui, je finis par m'abaisser en lui ressemblant autant que cela m'était possible. Il m'induisit à mal faire presque par surprise, puis m'habitua à laisser s'éveiller en moi de mauvaises pensées auxquelles je n'eus pas une volonté à opposer, seule puissance capable de les faire rentrer dans l'ombre infernale d'où elles sortaient. Quand l'amour finit, l'habitude avait pris sa place et il ne manquait pas de jeunes gens immoraux pour l'exploiter. Complices de mes fautes, ils s'en faisaient aussi les apologistes en face de ma conscience. J'eus d'abord des remords atroces, je fis des aveux qui ne furent pas compris. Mes camarades me détournèrent d'insister auprès de mon père. Ils me persuadaient lentement que toutes les jeunes filles faisaient de même et que les parents feignaient seulement de l'ignorer. Les mensonges que j'étais sans cesse obligée de faire, mon imagination les colora bientôt des semblants d'un silence qu'il convenait de garder sur une nécessité inéluctable. À ce moment je ne vivais plus bien ; je rêvais, je pensais, je sentais encore.

Pour distraire et chasser tous ces mauvais désirs, je commençai à aller beaucoup dans le monde. Ses plaisirs desséchants m'habituèrent à vivre dans une compagnie perpétuelle, et je perdis avec le goût de la solitude le secret des joies que m'avaient données jusque-là la nature et l'art. Jamais je n'ai été si souvent au concert que dans ces années-là. Jamais, tout occupée au désir d'être admirée dans une loge élégante, je n'ai senti moins profondément la musique. J'écoutais et je n'entendais rien. Si par hasard j'entendais, j'avais cessé de voir tout ce que la musique sait dévoiler. Mes promenades aussi avaient été comme frappées de stérilité. Les choses qui autrefois suffisaient à me rendre heureuse pour toute la journée, un peu de soleil jaunissant l'herbe, le parfum que les feuilles mouillées laissent s'échapper avec les dernières gouttes de pluie, avaient perdu comme moi leur douceur et leur gaieté. Les bois, le ciel, les eaux semblaient se détourner de moi, et si, restée seule avec eux face à face, je les interrogeais anxieusement, ils ne murmuraient plus ces réponses vagues qui me ravissaient autrefois. Les hôtes divins qu'annoncent les voix des eaux, des feuillages et du ciel daignent visiter seulement les cœurs qui, en habitant en eux-mêmes, se sont purifiés.

C'est alors qu'à la recherche d'un remède inverse et parce que je n'avais pas le courage de vouloir le véritable qui était si près, et hélas! si loin de moi, en moi-même, je me laissai de nouveau aller aux plaisirs coupables, croyant ranimer par là la flamme éteinte par le monde. Ce fut en vain. Retenue par le plaisir de plaire, je remettais de jour en jour la décision définitive, le choix, l'acte vraiment libre, l'option pour la solitude. Je ne renonçai pas à l'un de ces deux vices pour l'autre. Je les mêlai. Que dis-je? chacun se chargeant de briser tous les obstacles de pensée, de sentiment, qui auraient arrêté l'autre, semblait aussi l'appeler. J'allais dans le monde pour me calmer après une faute, et j'en commettais une autre dès que j'étais calme. C'est à ce moment terrible, après l'innocence perdue, et avant le remords d'aujourd'hui, à ce moment où de tous les moments de ma vie j'ai le moins valu, que je fus le plus appréciée de tous. On m'avait jugée une petite fille prétentieuse et folle; maintenant, au contraire, les cendres de mon imagination étaient au goût du monde qui s'y délectait. Alors que je commettais envers ma mère le plus grand des crimes, on me trouvait à cause de mes façons tendrement respectueuses avec elle, le modèle des filles. Après le suicide de ma pensée, on admirait mon intelligence, on raffolait de mon esprit. Mon imagination desséchée, ma sensibilité tarie, suffisaient à la soif des plus altérés de vie spirituelle, tant cette soif était factice, et mensongère comme la source où ils croyaient l'étancher ! Personne d'ailleurs ne soupçonnait le crime secret de ma vie, et je semblais à tous la jeune fille idéale. Combien de parents dirent alors à ma mère que si ma situation eût été moindre et s'ils avaient pu songer à moi, ils n'auraient pas voulu d'autre femme pour leur fils ! Au fond de ma conscience oblitérée, j'éprouvais pourtant de ces louanges indues une honte désespérée ; elle n'arrivait pas jusqu'à la surface, et j'étais tombée si bas que j'eus l'indignité de les rapporter en riant aux complices de mes crimes.

IV

> « À quiconque a perdu ce qui ne se retrouve
> Jamais… jamais ! »
>
> BAUDELAIRE

L'hiver de ma vingtième année, la santé de ma mère, qui n'avait jamais été vigoureuse, fut très ébranlée. J'appris qu'elle avait le cœur malade, sans gravité d'ailleurs, mais qu'il fallait lui éviter tout ennui. Un de mes oncles me dit que ma mère désirait me voir me marier. Un devoir précis, important se présentait à moi. J'allais pouvoir prouver à ma mère combien je l'aimais.

J'acceptai la première demande qu'elle me transmit en l'approuvant, chargeant ainsi, à défaut de volonté, la nécessité de me contraindre à changer de vie. Mon fiancé était précisément le jeune homme qui, par son extrême intelligence, sa douceur et son énergie, pouvait avoir sur moi la plus heureuse influence. Il était, de plus, décidé à habiter avec nous. Je ne serais pas séparée de ma mère, ce qui eût été pour moi la peine la plus cruelle.

Alors j'eus le courage de dire toutes mes fautes à mon confesseur. Je lui demandai si je devais le même aveu à mon fiancé. Il eut la pitié de m'en détourner, mais me fit prêter le serment de ne jamais retomber dans mes erreurs et me donna l'absolution. Les fleurs tardives que la joie fit éclore dans mon cœur que je croyais à jamais stérile portèrent des fruits. La grâce de Dieu, la grâce de la jeunesse, – où l'on voit tant de plaies se refermer d'elles-mêmes par la vitalité de cet âge – m'avaient guérie. Si, comme l'a dit saint Augustin, il est plus difficile de redevenir chaste que de l'avoir été, je connus alors une vertu difficile. Personne ne se doutait que je valais infiniment mieux qu'avant et ma mère baisait chaque jour mon front qu'elle n'avait jamais cessé de croire pur sans savoir qu'il était régénéré. Bien plus, on me fit à ce moment, sur mon attitude distraite, mon silence et ma mélancolie dans le monde, des reproches injustes. Mais je ne m'en fâchais pas : le secret qui était entre moi et ma conscience satisfaite me procurait assez de volupté. La convalescence de mon âme – qui me souriait maintenant sans cesse avec un visage semblable à celui de ma mère et me regardait avec un air de tendre reproche à travers ses larmes qui séchaient – était d'un charme et d'une langueur infinis. Oui, mon âme renaissait à la vie. Je ne comprenais pas moi-même comment j'avais pu la maltraiter, la faire souffrir, la tuer presque. Et je remerciais Dieu avec effusion de l'avoir sauvée à temps.

C'est l'accord de cette joie profonde et pure avec la fraîche sérénité du ciel que je goûtais le soir *où tout s'est accompli*. L'absence de mon fiancé, qui était allé passer deux jours chez sa sœur, la présence à dîner du jeune homme qui avait la plus grande responsabilité dans mes fautes passées, ne projetaient pas sur cette limpide soirée de mai la plus légère tristesse. Il n'y avait pas un nuage au ciel qui se reflétait exactement dans mon cœur. Ma mère, d'ailleurs, comme s'il y avait eu entre elle et mon âme, malgré qu'elle fût dans une ignorance absolue de mes fautes, une solidarité mystérieuse, était à peu près guérie. « Il faut la ménager quinze jours, avait dit le médecin, et après cela il n'y aura plus de rechute possible ! » Ces seuls mots étaient pour moi la promesse d'un avenir de bonheur dont la douceur me faisait fondre en larmes. Ma mère avait ce soir-là une robe plus élégante que de coutume, et, pour la première fois depuis la mort de mon père, déjà ancienne pourtant de dix ans, elle avait ajouté un peu de mauve à son habituelle robe noire. Elle était toute confuse d'être ainsi habillée comme quand elle était plus jeune, et triste et heureuse d'avoir fait violence à sa peine et à son deuil pour me faire plaisir et fêter ma joie. J'approchai de son corsage un œillet rose qu'elle repoussa d'abord, puis qu'elle attacha, parce qu'il venait de moi, d'une main un peu hésitante, honteuse. Au moment où on allait se mettre à table, j'attirai près de moi vers la fenêtre son visage délicatement reposé de ses souffrances passées, et je l'embrassai avec passion. Je m'étais trompée en disant que je n'avais jamais retrouvé la douceur du baiser aux Oublis. Le baiser de ce soir-là fut aussi doux qu'aucun autre. Ou plutôt ce fut le baiser même des Oublis qui, évoqué par l'attrait d'une minute pareille, glissa doucement du fond du passé et vint se poser entre les joues de ma mère encore un peu pâles et mes lèvres.

On but à mon prochain mariage. Je ne buvais jamais que de l'eau à cause de l'excitation trop vive que le vin causait à mes nerfs. Mon oncle déclara qu'à un moment comme celui-là, je pouvais faire une exception. Je revois très bien sa figure gaie en prononçant ces paroles stupides... Mon Dieu ! mon Dieu ! j'ai tout confessé avec tant de calme, vais-je être obligée de m'arrêter ici ? Je ne vois plus rien ! Si... mon oncle dit que je pouvais bien à un moment comme celui-là faire une exception. Il me regarda en riant en disant cela, je bus vite avant d'avoir regardé ma mère dans la crainte qu'elle ne me le défendît. Elle dit doucement : « On ne doit jamais faire une place au mal, si petite qu'elle soit. » Mais le vin de Champagne était si frais que j'en bus encore deux autres verres. Ma tête était devenue très lourde, j'avais à la fois besoin de me reposer et de dépenser mes nerfs. On se levait de table : Jacques s'approcha de moi et me dit en me regardant fixement :

« Voulez-vous venir avec moi ; je voudrais vous montrer des vers que j'ai faits. »

Ses beaux yeux brillaient doucement dans ses joues fraîches, il releva lentement ses moustaches avec sa main. Je compris que je me perdais et je fus sans force pour résister. Je dis toute tremblante :

« Oui, cela me fera plaisir. »

Ce fut en disant ces paroles, avant même peut-être, en buvant le second verre de vin de Champagne que je commis l'acte vraiment responsable, l'acte abominable. Après cela, je ne fis plus que me laisser faire. Nous avions fermé à clef les deux portes, et lui, son haleine sur mes joues, m'étreignait, ses mains furetant le long de mon corps. Alors tandis que le plaisir me tenait de plus en plus, je sentais s'éveiller, au fond de mon cœur, une tristesse et une désolation infinies ; il me semblait que je faisais pleurer l'âme de ma mère, l'âme de mon ange gardien, l'âme de Dieu. Je n'avais jamais pu lire sans des frémissements d'horreur le récit des tortures que des scélérats font subir à des animaux, à leur propre femme, à leurs enfants ; il m'apparaissait confusément maintenant que dans tout acte voluptueux et coupable il y a autant de férocité de la part du corps qui jouit, et qu'en nous autant de bonnes intentions, autant d'anges purs sont martyrisés et pleurent.

Bientôt mes oncles auraient fini leur partie de cartes et allaient revenir. Nous allions les devancer, je ne faillirais plus, c'était la dernière fois... Alors, au-dessus de la cheminée, je me vis dans la glace. Toute cette vague angoisse de mon âme n'était pas peinte sur ma figure, mais toute elle respirait, des yeux brillants aux joues enflammées et à la bouche offerte, une joie sensuelle, stupide et brutale. Je pensais alors à l'horreur de quiconque m'ayant vue tout à l'heure embrasser ma mère avec une mélancolique tendresse, me verrait ainsi transfigurée en bête. Mais aussitôt se dressa dans la glace, contre ma figure, la bouche de Jacques, avide sous ses moustaches. Troublée jusqu'au plus profond de moi-même, je rapprochai ma tête de la sienne, quand en face de moi je vis, oui, je le dis comme cela était, écoutez-moi puisque je peux vous le dire, sur le balcon, devant la fenêtre, je vis ma mère qui me regardait hébétée. Je ne sais si elle a crié, je n'ai rien entendu, mais elle est tombée en arrière et est restée la tête prise entre les deux barreaux du balcon...

Ce n'est pas la dernière fois que je vous le raconte ; je vous l'ai dit, je me suis presque manquée, je m'étais pourtant bien visée, mais j'ai mal tiré. Pourtant on n'a pas pu extraire la balle et les accidents au cœur ont commencé. Seulement je peux rester encore huit jours comme cela et je ne pourrai cesser jusque-là de raisonner sur les commencements et de *voir* la fin. J'aimerais mieux que ma mère m'ait vue commettre d'autres crimes encore et celui-là même, mais qu'elle n'ait pas vu cette expression joyeuse qu'avait ma figure dans la glace. Non, elle n'a pu la voir... C'est une coïncidence... elle a été frappée d'apoplexie une minute avant de me voir... Elle ne l'a pas vue... Cela ne se peut pas ! Dieu qui savait tout ne l'aurait pas voulu.

UN DÎNER EN VILLE

« Mais, Fundanius, qui partageait avec
vous le bonheur de ce repas ? je suis en
peine de le savoir.'»

HORACE

I

Honoré était en retard ; il dit bonjour aux maîtres de
la maison, aux invités qu'il connaissait, fut présenté aux
autres et on passa à table. Au bout de quelques instants,
son voisin, un tout jeune homme, lui demanda de lui
nommer et de lui raconter les invités. Honoré ne l'avait
encore jamais rencontré dans le monde. Il était très beau.
La maîtresse de la maison jetait à chaque instant sur lui
des regards brûlants qui signifiaient assez pourquoi elle
l'avait invité et qu'il ferait bientôt partie de sa société.
Honoré sentit en lui une puissance future, mais sans
envie, par bienveillance polie, se mit en devoir de lui
répondre. Il regarda autour de lui. En face deux voisins
ne se parlaient pas : on les avait, par maladroite bonne
intention, invités ensemble et placés l'un près de l'autre
parce qu'ils s'occupaient tous les deux de littérature.
Mais à cette première raison de se haïr, ils en ajoutaient
une plus particulière. Le plus âgé, parent – doublement
hypnotisé – de M. Paul Desjardins et de M. de Vogüé,
affectait un silence méprisant à l'endroit du plus jeune,
disciple favori de M. Maurice Barrès, qui le considérait à
son tour avec ironie. La malveillance de chacun d'eux
exagérait d'ailleurs bien contre son gré l'importance de

l'autre, comme si l'on eût affronté le chef des scélérats au roi des imbéciles. Plus loin, une superbe Espagnole mangeait rageusement. Elle avait sans hésiter et en personne sérieuse sacrifié ce soir-là un rendez-vous à la probabilité d'avancer, en allant dîner dans une maison élégante, sa carrière mondaine. Et certes, elle avait beaucoup de chances d'avoir bien calculé. Le snobisme de Mme Fremer était pour ses amies et celui de ses amies était pour elle comme une assurance mutuelle contre l'embourgeoisement. Mais le hasard avait voulu que Mme Fremer écoulât précisément ce soir-là un stock de gens qu'elle n'avait pu inviter à ses dîners, à qui, pour des raisons différentes, elle tenait à faire des politesses, et qu'elle avait réunis presque pêle-mêle. Le tout était bien surmonté d'une duchesse, mais que l'Espagnole connaissait déjà et dont elle n'avait plus rien à tirer. Aussi échangeait-elle des regards irrités avec son mari dont on entendait toujours, dans les soirées, la voix gutturale dire successivement, en laissant entre chaque demande un intervalle de cinq minutes bien remplies par d'autres besognes : « Voudriez-vous me présenter au duc ? – Monsieur le duc, voudriez-vous me présenter à la duchesse ? – Madame la duchesse, puis-je vous présenter ma femme ? » Exaspéré de perdre son temps, il s'était pourtant résigné à entamer la conversation avec son voisin, l'associé du maître de la maison. Depuis plus d'un an Fremer suppliait sa femme de l'inviter. Elle avait enfin cédé et l'avait dissimulé entre le mari de l'Espagnole et un humaniste. L'humaniste, qui lisait trop, mangeait trop. Il avait des citations et des renvois et ces deux incommodités répugnaient également à sa voisine, une noble roturière, Mme Lenoir. Elle avait vite amené la conversation sur les victoires du prince de Buivres au Dahomey et disait d'une voix attendrie : « Cher enfant, comme cela me réjouit qu'il honore la famille ! » En effet, elle était cousine des Buivres, qui, tous plus jeunes qu'elle, la traitaient avec la déférence que lui valaient son âge, son attachement à la famille royale, sa grande fortune et la constante stérilité de ses trois mariages. Elle avait reporté sur tous les Buivres ce qu'elle pouvait éprouver de sentiments de famille. Elle ressentait une honte personnelle des vilenies de celui qui avait un conseil judiciaire, et, autour de son front bien-pensant, sur ses bandeaux orléanistes, portait naturellement les lauriers de celui qui était général. Intruse dans cette famille jusque-là si fermée, elle en était devenue le chef et comme la douairière. Elle se sentait réellement exilée dans la société moderne, parlait toujours avec attendrissement des « vieux gentilshommes d'autrefois ». Son snobisme n'était qu'imagination et était d'ailleurs toute son imagination. Les noms riches de passé et de gloire ayant sur son esprit sensible un pouvoir singulier, elle trouvait des jouissances aussi désintéressées à dîner avec des princes qu'à lire des mémoires de l'Ancien Régime. Portant toujours les mêmes raisins, sa coiffure était invariable comme ses principes. Ses yeux pétillaient de bêtise. Sa figure souriante était noble, sa mimique excessive et insignifiante. Elle avait, par confiance en Dieu, une même agitation optimiste la veille d'une garden-party ou d'une révolution, avec des gestes rapides qui semblaient conjurer le radicalisme ou le mauvais temps. Son voisin l'humaniste lui parlait avec une élégance fatigante et avec une terrible facilité à formuler ; il faisait des citations d'Horace pour excuser aux yeux des autres et poétiser aux siens sa gourmandise et son ivrognerie. D'invisibles roses antiques et pourtant fraîches ceignaient son front étroit. Mais d'une politesse égale et qui lui était facile, parce qu'elle y voyait l'exercice de sa puissance et le respect, rare aujourd'hui, des vieilles traditions, Mme Lenoir parlait toutes les cinq minutes à l'associé de M. Fremer. Celui-ci d'ailleurs n'avait pas à se plaindre. De l'autre bout de la table, Mme Fremer lui adressait les plus charmantes flatteries. Elle voulait que ce dîner comptât pour plusieurs années, et, décidée à ne pas évoquer d'ici longtemps ce trouble-fête, elle l'enterrait sous les fleurs. Quant à M. Fremer, travaillant le jour à sa banque, et, le soir, traîné par sa femme dans le monde ou retenu chez lui quand on recevait, toujours prêt à tout dévorer, toujours muselé, il avait fini par garder dans les circonstances les plus indifférentes une expression mêlée d'irritation sourde, de résignation boudeuse, d'exaspération contenue et d'abrutissement profond. Pourtant, ce soir, elle faisait place sur la figure du financier à une satisfaction cordiale toutes les fois que ses regards rencontraient ceux de son associé. Bien qu'il ne pût le souffrir dans l'habitude de la vie, il se sentait pour lui des tendresses fugitives, mais sincères, non parce qu'il l'éblouissait facilement de son luxe, mais par cette même fraternité vague qui nous émeut à l'étranger à la vue d'un Français, même odieux. Lui, si violemment arraché chaque soir à ses habitudes, si injustement privé du repos qu'il avait mérité, si cruellement déraciné, il sentait un lien, habituellement détesté, mais fort, qui le rattachait enfin à quelqu'un et le prolongeait, pour l'en faire sortir, au-delà de son isolement farouche et désespéré. En face de lui, Mme Fremer mirait dans les yeux charmés des convives sa blonde beauté. La double réputation dont elle était environnée était un prisme trompeur au travers duquel chacun essayait de distinguer ses traits véritables. Ambitieuse, intrigante, presque aventurière, au dire de la finance qu'elle avait abandonnée pour des destinées plus brillantes, elle apparaissait au contraire aux yeux du Faubourg et de la famille royale qu'elle avait conquis comme un esprit supérieur, un ange de douceur et de vertu. Du reste, elle n'avait pas oublié ses anciens amis plus humbles, se souvenait d'eux surtout quand ils étaient malades ou en deuil, circonstances touchantes, où d'ailleurs, comme on ne va pas dans le monde, on ne peut se plaindre de n'être pas invité. Par là elle donnait leur portée aux élans de sa charité, et dans les entretiens avec les parents ou les prêtres aux chevets des mourants, elle versait des larmes sincères, tuant un à un les remords qu'inspirait sa vie trop facile à son cœur scrupuleux.

Mais la plus aimable convive était la jeune duchesse de D..., dont l'esprit alerte et clair, jamais inquiet ni troublé, contrastait si étrangement avec l'incurable mélancolie de ses beaux yeux, le pessimisme de ses lèvres, l'infinie et noble lassitude de ses mains. Cette puissante amante de la vie sous toutes ses formes, bonté, littérature, théâtre, action, amitié, mordait sans les flétrir, comme une fleur dédaignée, ses belles lèvres rouges, dont un sourire désenchanté relevait faiblement les coins. Ses yeux semblaient promettre un esprit à jamais chaviré sur les eaux malades du regret. Combien de fois, dans la rue, au théâtre, des passants songeurs avaient allumé leur rêve à ces astres changeants ! Maintenant la duchesse, qui se souvenait d'un vaudeville ou combinait une toilette, n'en continuait pas moins à étirer tristement ses nobles phalanges résignées et pensives, et promenait autour d'elle des regards désespérés et profonds qui noyaient les convives impressionnables sous les torrents de leur mélancolie. Sa conversation exquise se parait négligemment des élégances fanées et si charmantes d'un scepticisme déjà ancien. On venait d'avoir une discussion, et cette personne si absolue dans la vie et qui estimait qu'il n'y avait qu'une manière de s'habiller répétait à chacun : « Mais, pourquoi est-ce qu'on ne peut pas tout dire, tout penser ? Je peux avoir raison, vous aussi. Comme c'est terrible et étroit d'avoir une opinion. » Son esprit n'était pas comme son corps, habillé à la dernière mode, et elle plaisantait aisément les symbolistes et les croyants. Mais il en était de son esprit comme de ces femmes charmantes qui sont assez belles et vives pour plaire vêtues de vieilleries. C'était peut-être d'ailleurs coquetterie voulue. Certaines idées trop crues auraient éteint son esprit comme certaines couleurs qu'elle s'interdisait son teint.

À son joli voisin, Honoré avait donné de ces différentes figures une esquisse rapide et si bienveillante que, malgré leurs différences profondes, elles semblaient toutes pareilles, la brillante Mme de Torreno, la spirituelle duchesse de D…, la belle Mme Lenoir. Il avait négligé leur seul trait commun, ou plutôt la même folie collective, la même épidémie régnante dont tous étaient atteints, le snobisme. Encore, selon leurs natures, affectait-il des formes bien différentes et il y avait loin du snobisme imaginatif et poétique de Mme Lenoir au snobisme conquérant de Mme de Torreno, avide comme un fonctionnaire qui veut arriver aux premières places. Et pourtant, cette terrible femme était capable de se réhumaniser. Son voisin venait de lui dire qu'il avait admiré au parc Monceau sa petite fille. Aussitôt elle avait rompu son silence indigné. Elle avait éprouvé pour cet obscur comptable une sympathie reconnaissante et pure qu'elle eût été peut-être incapable d'éprouver pour un prince, et maintenant ils causaient comme de vieux amis.

Mme Fremer présidait aux conversations avec une satisfaction visible causée par le sentiment de la haute mission qu'elle accomplissait. Habituée à présenter les grands écrivains aux duchesses, elle semblait, à ses propres yeux, une sorte de ministre des Affaires étrangères tout-puissant et qui même dans le protocole portait un esprit souverain. Ainsi un spectateur qui digère au théâtre voit au-dessous de lui puisqu'il les juge, artistes, public, auteur, règles de l'art dramatique, génie. La conversation allait d'ailleurs d'une allure assez harmonieuse. On en était arrivé à ce moment des dîners où les voisins touchent le genou des voisines ou les interrogent sur leurs préférences littéraires selon les tempéraments et l'éducation, selon la voisine surtout. Un instant, un accroc parut inévitable. Le beau voisin d'Honoré ayant essayé avec l'imprudence de la jeunesse d'insinuer que dans l'œuvre de Heredia il y avait peut-être plus de pensée qu'on ne le disait généralement, les convives troublés dans leurs habitudes d'esprit prirent un air morose. Mais Mme Fremer s'étant aussitôt écriée : « Au contraire, ce ne sont que d'admirables camées, des émaux somptueux, des orfèvreries sans défaut », l'entrain et la satisfaction reparurent sur tous les visages. Une discussion sur les anarchistes fut plus grave. Mais Mme Fremer, comme s'inclinant avec résignation devant la fatalité d'une loi naturelle, dit lentement : « À quoi bon tout cela ? il y aura toujours des riches et des pauvres. » Et tous ces gens dont le plus pauvre avait au moins cent mille livres de rente, frappés de cette vérité, délivrés de leurs scrupules, vidèrent avec une allégresse cordiale leur dernière coupe de vin de Champagne.

II
APRÈS DÎNER

Honoré, sentant que le mélange des vins lui avait un peu tourné la tête, partit sans dire adieu, prit en bas son pardessus et commença à descendre à pied les Champs-Élysées. Il se sentait une joie extrême. Les barrières d'impossibilité qui ferment à nos désirs et à nos rêves le champ de la réalité étaient rompues et sa pensée circulait joyeusement à travers l'irréalisable en s'exaltant de son propre mouvement.

Les mystérieuses avenues qu'il y a entre chaque être humain et au fond desquelles se couche peut-être chaque soir un soleil insoupçonné de joie ou de désolation l'attiraient. Chaque personne à qui il pensait lui devenait aussitôt irrésistiblement sympathique, il prit tour à tour les rues où il pouvait espérer de rencontrer chacune, et si ses prévisions s'étaient réalisées, il eût abordé l'inconnu ou l'indifférent sans peur, avec un tressaillement doux. Par la chute d'un décor planté trop près, la vie s'étendait au loin devant lui dans tout le charme de sa nouveauté et de son mystère, en paysages amis qui l'invitaient. Et le regret que ce fût le mirage ou la réalité d'un seul soir le désespérait, il ne ferait plus jamais rien d'autre que de dîner et de boire aussi bien, pour revoir d'aussi belles choses. Il souffrait seulement de ne pouvoir atteindre immédiatement tous les sites qui étaient disposés çà et là dans l'infini de sa perspective, loin de lui. Alors il fut frappé du bruit de sa voix un peu grossie et exagérée qui répétait depuis un quart d'heure : « La vie est triste, c'est idiot » (ce dernier mot était souligné d'un geste sec du bras droit et il remarqua le brusque mouvement de sa canne). Il se dit avec tristesse que ces paroles machinales étaient une bien banale traduction de pareilles visions qui, pensa-t-il, n'étaient peut-être pas exprimables.

« Hélas ! sans doute l'intensité de mon plaisir ou de mon regret est seule centuplée, mais le contenu intellectuel en reste le même. Mon bonheur est nerveux, personnel, intraduisible à d'autres, et si j'écrivais en ce moment, mon style aurait les mêmes qualités, les mêmes défauts, hélas ! la même médiocrité que d'habitude. » Mais le bien-être physique qu'il éprouvait le garda d'y penser plus longtemps et lui donna immédiatement la consolation suprême, l'oubli. Il était arrivé sur les boulevards. Des gens passaient, à qui il donnait sa sympathie, certain de la réciprocité. Il se sentait leur glorieux point de mire ; il ouvrit son paletot pour qu'on vît la blancheur de son habit, qui lui seyait, et l'œillet rouge sombre de sa boutonnière. Tel il s'offrait à l'admiration des passants, à la tendresse dont il était avec eux en voluptueux commerce.

RÊVERIES COULEUR DU TEMPS

> « La manière de vivre du poète
> devrait être si simple que les
> influences les plus ordinaires le
> réjouissent, sa gaieté devrait pouvoir
> être le fruit d'un rayon de soleil, l'air
> devrait suffire pour l'inspirer et l'eau
> devrait suffire pour l'enivrer. »
>
> EMERSON

I
TUILERIES

Au jardin des Tuileries, ce matin, le soleil s'est endormi tour à tour sur toutes les marches de pierre comme un adolescent blond dont le passage d'une ombre interrompt aussitôt le somme léger. Contre le vieux palais verdissent de jeunes pousses. Le souffle du vent charmé mêle au parfum du passé la fraîche odeur des lilas. Les statues qui sur nos places publiques effrayent comme des folles, rêvent ici dans les charmilles comme des sages sous la verdure lumineuse qui protège leur blancheur. Les bassins au fond desquels se prélasse le ciel bleu luisent comme des regards. De la terrasse du bord de l'eau, on aperçoit, sortant du vieux quartier du quai d'Orsay, sur l'autre rive et comme dans un autre siècle, un hussard qui passe. Les liserons débordent follement des vases couronnés de géraniums. Ardent de soleil, l'héliotrope brûle ses parfums. Devant le Louvre s'élancent des roses trémières, légères comme des mâts, nobles et gracieuses comme des colonnes, rougissantes comme des jeunes filles. Irisés de soleil et soupirant d'amour, les jets d'eau montent vers le ciel. Au bout de la Terrasse, un cavalier de pierre lancé sans changer de place dans un galop fou, les lèvres collées à une trompette joyeuse, incarne toute l'ardeur du Printemps.

Mais le ciel s'est assombri, il va pleuvoir. Les bassins, où nul azur ne brille plus, semblent des yeux vides de regards ou des vases pleins de larmes. L'absurde jet d'eau, fouetté par la brise, élève de plus en plus vite vers le ciel son hymne maintenant dérisoire. L'inutile douceur des lilas est d'une tristesse infinie. Et là-bas, la bride abattue, ses pieds de marbre excitant d'un mouvement immobile et furieux le galop vertigineux et fixé de son cheval, l'inconscient cavalier trompette sans fin sur le ciel noir.

II
VERSAILLES

> « Un canal qui fait rêver les plus grands parleurs sitôt qu'ils s'en approchent et où je suis toujours heureux, soit que je sois joyeux, soit que je sois triste. »
> *Lettre de Balzac*
> *à M. de Lamothe-Aigron*

L'automne épuisé, plus même réchauffé par le soleil rare, perd une à une ses dernières couleurs. L'extrême ardeur de ses feuillages, si enflammés que toute l'après-midi et la matinée elle-même donnaient la glorieuse illusion du couchant, s'est éteinte. Seuls, les dahlias, les œillets d'Inde et les chrysanthèmes jaunes, violets, blancs et roses, brillent encore sur la face sombre et désolée de l'automne. À six heures du soir, quand on passe par les Tuileries uniformément grises et nues sous le ciel aussi sombre, où les arbres noirs décrivent branche par branche leur désespoir puissant et subtil, un massif soudain aperçu de ces fleurs d'automne luit richement dans l'obscurité et fait à nos yeux habitués à ces horizons en cendres une violence voluptueuse. Les heures du matin sont plus douces. Le soleil brille encore parfois, et je peux voir encore en quittant la terrasse du bord de l'eau, au long des grands escaliers de pierre, mon ombre descendre une à une les marches devant moi. Je ne voudrais pas vous prononcer ici après tant d'autres*, Versailles, grand nom rouillé et doux, royal cimetière de feuillages, de vastes eaux et de marbres, lieu véritablement aristocratique et démoralisant, où ne nous trouble même pas le remords que la vie de tant d'ouvriers n'y ait servi qu'à affiner et qu'à élargir moins les joies d'un autre temps que la mélancolie du nôtre. Je ne voudrais pas vous prononcer après tant d'autres, et pourtant que de fois, à la coupe rougie de vos bassins de marbre rose, j'ai été boire jusqu'à la lie et jusqu'à délirer l'enivrante et amère douceur de ces suprêmes jours d'automne. La terre mêlée de feuilles fanées et de feuilles pourries semblait au loin une jaune et violette mosaïque ternie. En passant près du hameau, en relevant le col de mon paletot contre le vent, j'entendis roucouler des colombes. Partout l'odeur du

---

* Et particulièrement après M. Maurice Barrès, Henri de Régnier, Robert Montesquiou-Fezensac

buis, comme au dimanche des Rameaux, enivrait. Comment ai-je pu cueillir encore un mince bouquet de printemps, dans ces jardins saccagés par l'automne. Sur l'eau, le vent froissait les pétales d'une rose grelottante. Dans ce grand effeuillement de Trianon, seule la voûte légère d'un petit pont de géranium blanc soulevait au-dessus de l'eau glacée ses fleurs à peine inclinées par le vent. Certes, depuis que j'ai respiré le vent du large et le sel dans les chemins creux de Normandie, depuis que j'ai vu briller la mer à travers les branches de rhododendrons en fleurs, je sais tout ce que le voisinage des eaux peut ajouter aux grâces végétales. Mais quelle pureté plus virginale en ce doux géranium blanc, penché avec une retenue gracieuse sur les eaux frileuses entre leurs quais de feuilles mortes. Ô vieillesse argentée des bois encore verts, ô branches éplorées, étangs et pièces d'eau qu'un geste pieux a posés çà et là, comme des urnes offertes à la mélancolie des arbres !

III
PROMENADE

Malgré le ciel si pur et le soleil déjà chaud, le vent soufflait encore aussi froid, les arbres restaient aussi nus qu'en hiver. Il me fallut, pour faire du feu, couper une de ces branches que je croyais mortes et la sève en jaillit, mouillant mon bras jusqu'au coude et dénonçant, sous l'écorce glacée de l'arbre, un cœur tumultueux. Entre les troncs, le sol nu de l'hiver s'emplissait d'anémones, de coucous et de violettes, et les rivières, hier encore sombres et vides, de ciel tendre, bleu et vivant qui s'y prélassait jusqu'au fond. Non ce ciel pâle et lassé des beaux soirs d'octobre qui, étendu au fond des eaux, semble y mourir d'amour et de mélancolie, mais un ciel intense et ardent sur l'azur tendre et riant duquel passaient à tous moments, grises, bleues et roses, – non les ombres des nuées pensives, – mais les nageoires brillantes, et glissantes d'une perche, d'une anguille ou d'un éperlan. Ivres de joie, ils couraient entre le ciel et les herbes, dans leurs prairies et sous leurs futaies qu'avait brillamment enchantées comme les nôtres le resplendissant génie du printemps. Et glissant fraîchement sur leur tête, entre leurs ouïes, sous leur ventre, les eaux se pressaient aussi en chantant et en faisant courir gaiement devant elles du soleil.

La basse-cour où il fallut aller chercher des œufs n'était pas moins agréable à voir. Le soleil comme un poète inspiré et fécond qui ne dédaigne pas de répandre de la beauté sur les lieux les plus humbles et qui jusque-là ne semblaient pas devoir faire partie du domaine de l'art, échauffait encore la bienfaisante énergie du fumier, de la cour inégalement pavée, et du poirier cassé comme une vieille servante.

Mais quelle est cette personne royalement vêtue qui s'avance, parmi les choses rustiques et fermières, sur la pointe des pattes comme pour ne point se salir ? C'est l'oiseau de Junon brillant non de mortes pierreries, mais des yeux mêmes d'Argus, le paon dont le luxe fabuleux étonne ici. Telle au jour d'une fête, quelques instants avant l'arrivée des premiers invités, dans sa robe à queue changeante, un gorgerin d'azur déjà attaché à son cou royal, ses aigrettes sur la tête, la maîtresse de maison, étincelante, traverse sa cour aux yeux émerveillés des badauds rassemblés devant la grille, pour aller donner un dernier ordre ou attendre le prince du sang qu'elle doit recevoir au seuil même.

Mais non, c'est ici que le paon passe sa vie, véritable oiseau de paradis dans une basse-cour, entre les dindes et les poules, comme Andromaque captive filant la laine au milieu des esclaves, mais n'ayant point comme elle quitté la magnificence des insignes royaux et des joyaux héréditaires, Apollon qu'on reconnaît toujours, même quand il garde, rayonnant, les troupeaux d'Admète.

IV
FAMILLE ÉCOUTANT LA MUSIQUE

> « Car la musique est douce,
> Fait l'âme harmonieuse et comme un
> [divin chœur
> Éveille mille voix qui chantent dans le
> [cœur. »

Pour une famille vraiment vivante où chacun pense, aime et agit, avoir un jardin est une douce chose. Les soirs de printemps, d'été et d'automne, tous, la tâche du jour finie, y sont réunis; et si petit que soit le jardin, si rapprochées que soient les haies, elles ne sont pas si hautes qu'elles ne laissent voir un grand morceau de ciel où chacun lève les yeux, sans parler, en rêvant. L'enfant rêve à ses projets d'avenir, à la maison qu'il habitera avec son camarade préféré pour ne le quitter jamais, à l'inconnu de la terre et de la vie; le jeune homme rêve au charme mystérieux de celle qu'il aime, la jeune mère à l'avenir de son enfant, la femme autrefois troublée découvre, au fond de ces heures claires, sous les dehors froids de son mari, un regret douloureux qui lui fait pitié. Le père en suivant des yeux la fumée qui monte au-dessus d'un toit s'attarde aux scènes paisibles de son passé qu'enchante dans le lointain la lumière du soir ; il songe à sa mort prochaine, à la vie de ses enfants après sa mort ; et ainsi l'âme de la famille entière monte religieusement vers le couchant, pendant que le grand tilleul, le marronnier ou le sapin répand sur elle la bénédiction de son odeur exquise ou de son ombre vénérable.

Mais pour une famille vraiment vivante, où chacun pense, aime et agit, pour une famille qui a une âme, qu'il est plus doux encore que cette âme puisse, le soir, s'incarner dans une voix, dans la voix claire et intarissable d'une jeune fille ou d'un jeune homme qui a reçu le don de la musique et du chant. L'étranger passant devant la porte du jardin où la famille se tait, craindrait en approchant de rompre en tous comme un rêve religieux ; mais si l'étranger, sans entendre le chant, apercevait l'assemblée des parents et des amis qui l'écoutent, combien plus encore elle lui semblerait assister à une invisible messe, c'est-à-dire, malgré la diversité des attitudes, combien la ressemblance des expressions manifesterait l'unité véritable des âmes, momentanément réalisée par la sympathie pour un même drame idéal, par la communion à un même rêve. Par moments, comme le vent courbe les herbes et agite longuement les branches, un souffle incline les têtes ou les redresse brusquement. Tous alors, comme si un messager qu'on ne peut voir faisait un récit palpitant, semblent attendre avec anxiété, écouter avec transport ou avec terreur une même nouvelle qui pourtant éveille en chacun des échos divers. L'angoisse de la musique est à son comble, ses élans sont brisés par des chutes profondes, suivis d'élans plus désespérés. Son infini lumineux, ses mystérieuses ténèbres, pour le vieillard ce sont les vastes spectacles de la vie et de la mort, pour l'enfant les promesses pressantes de la mer et de la terre, pour l'amoureux, c'est l'infini mystérieux, ce sont les lumineuses ténèbres de l'amour. Le penseur voit sa vie morale se dérouler tout entière ; les chutes de la mélodie défaillante sont ses défaillances et ses chutes, et tout son cœur se relève et s'élance quand la mélodie reprend son vol. Le murmure puissant des harmonies fait tressaillir les profondeurs obscures et riches de son souvenir. L'homme d'action halète dans la mêlée des accords, au galop des vivaces ; il triomphe majestueusement dans les adagios. La femme infidèle elle-même sent sa faute pardonnée, infinisée, sa faute qui avait aussi sa céleste origine dans l'insatisfaction d'un cœur que les joies habituelles n'avaient pas apaisé, qui s'était égaré, mais en cherchant le mystère, et dont maintenant cette musique, pleine comme la voix des cloches, comble les plus vastes aspirations. Le musicien qui prétend pourtant ne goûter dans la musique qu'un plaisir technique y éprouve aussi ces émotions significatives, mais enveloppées dans son sentiment de la beauté musicale qui les dérobe à ses propres yeux. Et moi-même enfin, écoutant dans la musique la plus vaste et la plus universelle beauté de la vie et de la mort, de la mer et du ciel, j'y ressens aussi ce que ton charme a de plus particulier et d'unique, ô chère bien-aimée.

V

Les paradoxes d'aujourd'hui sont les préjugés de demain, puisque les plus épais et les plus déplaisants préjugés d'aujourd'hui eurent un instant de nouveauté où la mode leur prêta sa grâce fragile. Beaucoup de femmes d'aujourd'hui veulent se délivrer de tous les préjugés et entendent par préjugés les principes. C'est là leur préjugé qui est lourd, bien qu'elles s'en parent comme d'une fleur délicate et un peu étrange. Elles croient que rien n'a d'arrière-plan et mettent toutes choses sur le même plan. Elles goûtent un livre ou la vie elle-même comme une belle journée ou comme une orange. Elles disent l'« art » d'une couturière et la « philosophie » de la « vie parisienne ». Elles rougiraient de rien classer, de rien juger, de dire : ceci est bien, ceci est mal. Autrefois, quand une femme agissait bien, c'était comme par une revanche de sa morale, c'est-à-dire de sa pensée, sur sa nature instinctive. Aujourd'hui quand une femme agit bien, c'est par une revanche de sa nature instinctive sur sa morale, c'est-à-dire sur son immoralité théorique (voyez le théâtre de MM. Halévy et Meilhac). En un relâchement extrême de tous les liens moraux et sociaux, les femmes flottent de cette immoralité théorique à cette bonté instinctive. Elles ne cherchent que la volupté et la trouvent seulement quand elles ne la cherchent pas, quand elles pâtissent volontairement. Ce scepticisme et ce dilettantisme choqueraient dans les livres comme une parure démodée. Mais les femmes, loin d'être les oracles des modes de l'esprit, en sont plutôt les perroquets attardés. Aujourd'hui encore, le dilettantisme leur plaît et leur sied. S'il fausse leur jugement et énerve leur conduite, on ne peut nier qu'il leur prête une grâce déjà flétrie mais encore aimable. Elles nous font sentir, jusqu'aux délices, ce que l'existence peut avoir, dans des civilisations très raffinées, de facile et de doux. Leur perpétuel embarquement pour une Cythère spirituelle où la fête serait moins pour leurs sens émoussés que pour l'imagination, le cœur, l'esprit, les yeux, les narines, les oreilles, met quelques voluptés dans leurs attitudes. Les plus justes portraitistes de ce temps ne les montreront, je suppose, avec rien de bien tendu ni de bien raide. Leur vie répand le parfum doux des chevelures dénouées.

VI

L'ambition enivre plus que la gloire ; le désir fleurit, la possession flétrit toutes choses ; il vaut mieux rêver sa vie que la vivre, encore que la vivre ce soit encore la rêver, mais moins mystérieusement et moins clairement à la fois, d'un rêve obscur et lourd, semblable au rêve épars dans la faible conscience des bêtes qui ruminent. Les pièces de Shakespeare sont plus belles, vues dans la chambre de travail que représentées au théâtre. Les poètes qui ont créé les impérissables amoureuses n'ont souvent connu que de médiocres servantes d'auberges, tandis que les voluptueux les plus enviés ne savent point concevoir la vie qu'ils mènent, ou plutôt qui les mène. – J'ai connu un petit garçon de dix ans, de santé chétive et d'imagination précoce, qui avait voué à une enfant plus âgée que lui un amour purement cérébral. Il restait pendant des heures à sa fenêtre pour la voir passer, pleurait s'il ne la voyait pas, pleurait plus encore s'il l'avait vue. Il passait de très rares, de très brefs instants auprès d'elle. Il cessa de dormir, de manger. Un jour, il se jeta de sa fenêtre. On crut d'abord que le désespoir de n'approcher jamais son amie l'avait décidé à mourir. On apprit qu'au contraire il venait de causer très longuement avec elle : elle avait été extrêmement gentille pour lui. Alors on supposa qu'il avait renoncé aux jours insipides qui lui restaient à vivre, après cette ivresse qu'il n'aurait peut-être plus l'occasion de renouveler. De fréquentes confidences, faites autrefois à un de ses amis, firent induire enfin qu'il éprouvait une déception chaque fois qu'il voyait la souveraine de ses rêves ; mais dès qu'elle était partie, son imagination féconde rendait tout son pouvoir à la petite fille absente, et il recommençait à désirer la voir. Chaque fois, il essayait de trouver dans l'imperfection des circonstances la raison accidentelle de sa déception. Après cette entrevue suprême où il avait, à sa fantaisie déjà habile, conduit son amie jusqu'à la haute perfection dont sa nature était susceptible, comparant avec désespoir cette perfection imparfaite à l'absolue perfection dont il vivait, dont il mourait, il se jeta par la fenêtre. Depuis, devenu idiot, il vécut fort longtemps, ayant gardé de sa chute l'oubli de son âme, de sa pensée, de la parole de son amie qu'il rencontrait sans la voir. Elle, malgré les supplications, les menaces, l'épousa et mourut plusieurs années après sans être parvenue à se faire reconnaître. – La vie est comme la petite amie. Nous la songeons, et nous l'aimons de la songer. Il ne faut pas essayer de la vivre : on se jette, comme le petit garçon, dans la stupidité, pas tout d'un coup, car tout, dans la vie, se dégrade par nuances insensibles. Au bout de dix ans, on ne reconnaît plus ses songes, on les renie, on vit, comme un bœuf, pour l'herbe à paître dans le moment. Et de nos noces avec la mort qui sait si pourra naître notre consciente immortalité ?

VII

« Mon capitaine, dit son ordonnance, quelques jours après que fut installée la petite maison où il devait vivre, maintenant qu'il était en retraite, jusqu'à sa mort (sa maladie de cœur ne pouvait plus la faire longtemps attendre), mon capitaine, peut-être que des livres, maintenant que vous ne pouvez plus faire l'amour, ni vous battre, vous distrairaient un peu ; qu'est-ce qu'il faut aller vous acheter ?

– Ne m'achète rien ; pas de livres ; ils ne peuvent rien me dire d'aussi intéressant que ce que j'ai fait, et puisque je n'ai pas longtemps pour cela, je ne veux plus que rien me distraie de m'en souvenir. Donne la clef de ma grande caisse, c'est ce qu'il y a dedans que je lirai tous les jours. »

Et il en sortit des lettres, une mer blanchâtre, parfois teintée, de lettres, des très longues, des lettres d'une ligne seulement, sur des cartes, avec des fleurs fanées, des objets, des petits mots de lui-même pour se rappeler les entours du moment où il les avait reçues et des photographies abîmées malgré les précautions, comme ces reliques qu'a usées la piété même des fidèles : ils les embrassent trop souvent. Et toutes ces choses-là étaient très anciennes, et il y en avait de femmes mortes, et d'autres qu'il n'avait plus vues depuis plus de dix ans.

Il y avait dans tout cela des petites choses précises de sensualité ou de tendresse sur presque rien des circonstances de sa vie, et c'était comme une fresque très vaste qui dépeignait sa vie sans la raconter, dans sa couleur passionnée seulement, d'une manière très vague et très particulière en même temps, avec une grande puissance touchante. Il y avait des évocations de baisers dans la bouche – dans une bouche fraîche où il eût sans hésiter laissé son âme, et qui depuis s'était détournée de lui, – qui le faisaient pleurer longtemps. Et malgré qu'il fût bien faible et désabusé, quand il vidait d'un trait un peu de ces souvenirs encore vivants, comme un verre de vin chaleureux et mûri au soleil qui avait dévoré sa vie, il sentait un bon frisson tiède, comme le printemps en donne à nos convalescences et l'âtre d'hiver à nos faiblesses. Le sentiment que son vieux corps usé avait tout de même brûlé de pareilles flammes, lui donnait un regain de vie, – brûlé de pareilles flammes dévorantes. Puis, songeant que ce qui s'en couchait ainsi tout de son long sur lui, c'en étaient seulement les ombres démesurées et mouvantes, insaisissables, hélas ! et qui bientôt se confondraient toutes ensemble dans l'éternelle nuit, il se remettait à pleurer.

Alors tout en sachant que ce n'étaient que des ombres, des ombres de flammes qui s'en étaient couru brûler ailleurs, que jamais il ne reverrait plus, il se prit pourtant à adorer ces ombres et à leur prêter comme une chère existence par contraste avec l'oubli absolu de bientôt. Et tous ces baisers et tous ces cheveux baisés et toutes ces choses de larmes et de lèvres, de caresses versées comme du vin pour griser, et de désespérances accrues comme la musique ou comme le soir pour le bonheur de se sentir s'élargir jusqu'à l'infini du mystère et des destinées ; telle adorée qui le tint si fort que rien ne lui était plus que ce qu'il pouvait faire servir à son adoration pour elle, qui le tint si fort, et qui maintenant s'en allait si vague qu'il ne la retenait plus, ne retenait même plus l'odeur disséminée des pans fuyants de son manteau, il se crispait pour le revivre, le ressusciter et le clouer devant lui comme des papillons. Et chaque fois, c'était plus difficile. Et il n'avait toujours attrapé aucun des papillons, mais chaque fois il leur avait ôté avec ses doigts un peu du mirage de leurs ailes ; ou plutôt il les voyait dans le miroir, se heurtait vainement au miroir pour les toucher, mais le ternissait un peu chaque fois et ne les voyait plus qu'indistincts et moins charmants. Et ce miroir terni de son cœur, rien ne pouvait plus le laver, maintenant que les souffles purifiants de la jeunesse ou du génie ne passeraient plus sur lui, – par quelle loi inconnue de nos saisons, quel mystérieux équinoxe de notre automne ?...

Et chaque fois il avait moins de peine de les avoir perdus, ces baisers dans cette bouche, et ces heures infinies, et ces parfums qui le faisaient, avant, délirer.

Et il eut de la peine d'en avoir moins de peine, puis cette peine-là même disparut. Puis toutes les peines partirent, toutes, il n'y avait pas à faire partir les plaisirs ; ils avaient fui depuis longtemps sur leurs talons ailés sans détourner la tête, leurs rameaux en fleurs à la main, fui cette demeure qui n'était plus assez jeune pour eux. Puis, comme tous les hommes, il mourut.

VIII
RELIQUES

J'ai acheté tout ce qu'on a vendu de celle dont j'aurais voulu être l'ami, et qui n'a pas consenti même à causer avec moi un instant. J'ai le petit jeu de cartes qui l'amusait tous les soirs, ses deux ouistitis, trois romans qui portent sur les plats ses armes, sa chienne. Ô vous, délices, chers loisirs de sa vie, vous avez eu, sans en jouir comme j'aurais fait, sans les avoir même désirées, toutes ses heures les plus libres, les plus inviolables, les plus secrètes ; vous n'avez pas senti votre bonheur et vous ne pouvez pas le raconter.

Cartes qu'elle maniait de ses doigts chaque soir avec ses amis préférés, qui la virent s'ennuyer ou rire, qui assistèrent au début de sa liaison, et qu'elle posa pour embrasser celui qui vint depuis jouer tous les soirs avec elle ; romans qu'elle ouvrait et fermait dans son lit au gré de sa fantaisie ou de sa fatigue, qu'elle choisissait selon son caprice du moment ou ses rêves, à qui elle les confia, qui y mêlèrent ceux qu'ils exprimaient et l'aidèrent à mieux rêver les siens, n'avez-vous rien retenu d'elle, et ne m'en direz-vous rien ?

Romans, parce qu'elle a songé à son tour la vie de vos personnages et de votre poète ; cartes, parce qu'à sa manière elle ressentit avec vous le calme et parfois les fièvres des vives intimités, n'avez-vous rien gardé de sa pensée que vous avez distraite ou remplie, de son cœur que vous avez ouvert ou consolé ?

Cartes, romans, pour avoir tenu si souvent dans sa main, être restés si longtemps sur sa table ; dames, rois ou valets, qui furent les immobiles convives de ses fêtes les plus folles ; héros de romans et héroïnes qui songiez auprès de son lit sous les feux croisés de sa lampe et de ses yeux votre songe silencieux et plein de voix pourtant, vous n'avez pu laisser évaporer tout le parfum dont l'air de sa chambre, le tissu de ses robes, le toucher de ses mains ou de ses genoux vous imprégna.

Vous avez conservé les plis dont sa main joyeuse ou nerveuse vous froissa ; les larmes qu'un chagrin de livre ou de vie lui firent couler, vous les gardez peut-être encore prisonnières ; le jour qui fit briller ou blessa ses yeux vous a donné cette chaude couleur. Je vous touche en frémissant, anxieux de vos révélations, inquiet de votre silence. Hélas ! peut-être, comme vous, êtres charmants et fragiles, elle fut l'insensible, l'inconscient témoin de sa propre grâce. Sa plus réelle beauté fut peut-être dans mon désir. Elle a vécu sa vie, mais peut-être seul, je l'ai rêvée.

IX
SONATE CLAIR DE LUNE

I

Plus que les fatigues du chemin, le souvenir et l'appréhension des exigences de mon père, de l'indifférence de Pia, de l'acharnement de mes ennemis, m'avaient épuisé. Pendant le jour, la compagnie d'Assunta, son chant, sa douceur avec moi qu'elle connaissait si peu, sa beauté blanche, brune et rose, son parfum persistant dans les rafales du vent de mer, la plume de son chapeau, les perles à son cou, m'avaient distrait. Mais, vers neuf heures du soir, me sentant accablé, je lui demandai de rentrer avec la voiture et de me laisser là me reposer un peu à l'air. Nous étions presque arrivés à Honfleur ; l'endroit était bien choisi, contre un mur, à l'entrée d'une double avenue de grands arbres qui protégeaient du vent, l'air était doux ; elle consentit et me quitta. Je me couchai sur le gazon, la figure tournée vers le ciel sombre ; bercé par le bruit de la mer, que j'entendais derrière moi, sans bien la distinguer dans l'obscurité, je ne tardai pas à m'assoupir.

Bientôt je rêvai que devant moi, le coucher du soleil éclairait au loin le sable et la mer. Le crépuscule tombait, et il me semblait que c'était un coucher de soleil et un crépuscule comme tous les crépuscules et tous les couchers de soleil. Mais on vint m'apporter une lettre, je voulus la lire et je ne pus rien distinguer. Alors seulement je m'aperçus que malgré cette impression de lumière intense et épandue, il faisait très obscur. Ce coucher de soleil était extraordinairement pâle, lumineux sans clarté, et sur le sable magiquement éclairé s'amassaient tant de ténèbres qu'un effort pénible m'était nécessaire pour reconnaître un coquillage. Dans ce crépuscule spécial aux rêves, c'était comme le coucher d'un soleil malade et décoloré, sur une grève polaire. Mes chagrins s'étaient soudain dissipés ; les décisions de mon père, les sentiments de Pia, la mauvaise foi de mes ennemis me dominaient encore, mais sans plus m'écraser, comme une nécessité naturelle et devenue indifférente. La contradiction de ce resplendissement obscur, le miracle de cette trêve enchantée à mes maux ne m'inspirait aucune défiance, aucune peur, mais j'étais enveloppé, baigné, noyé d'une douceur croissante dont l'intensité délicieuse finit par me réveiller. J'ouvris les yeux. Splendide et blême, mon rêve s'étendait autour de moi. Le mur auquel je m'étais adossé pour dormir était en pleine lumière, et l'ombre de son lierre s'y allongeait aussi vive qu'à quatre heures de l'après-midi. Le feuillage d'un peuplier de Hollande retourné par un souffle insensible étincelait. On voyait des vagues et des voiles blanches sur la mer, le ciel était clair, la lune s'était levée. Par moments, de légers nuages passaient sur elle, mais ils se coloraient alors de nuances bleues dont la pâleur était profonde comme la gelée d'une méduse ou le cœur d'une opale. La clarté pourtant qui brillait partout, mes yeux ne la pouvaient saisir nulle part. Sur l'herbe même, qui resplendissait jusqu'au mirage, persistait l'obscurité. Les bois, un fossé, étaient absolument noirs. Tout d'un coup, un bruit léger s'éveilla longuement comme une inquiétude, rapidement grandit, sembla rouler sur le bois. C'était le frisson des feuilles froissées par la brise. Une à une je les entendais déferler comme des vagues sur le vaste silence de la nuit tout entière. Puis ce bruit même décrut et s'éteignit. Dans l'étroite prairie allongée devant moi entre les deux épaisses avenues de chênes, semblait couler un fleuve de clarté, contenu par ces deux quais d'ombre. La lumière de la lune, en évoquant la maison du garde, les feuillages, une voile, de la nuit où ils étaient anéantis, ne les avait pas réveillés. Dans ce silence de sommeil, elle n'éclairait que le vague fantôme de leur forme, sans qu'on pût distinguer les contours qui me les rendaient pendant le jour si réels, qui m'opprimaient de la certitude de leur présence, et de la perpétuité de leur voisinage banal. La maison sans porte, le feuillage sans tronc, presque sans feuilles, la voile sans barque, semblaient, au lieu d'une réalité cruellement indéniable et monotonement habituelle, le rêve étrange, inconsistant et lumineux des arbres endormis qui plongeaient dans l'obscurité. Jamais, en effet, les bois n'avaient dormi si profondément, on sentait que la lune en avait profité pour mener sans bruit dans le ciel et dans la mer cette grande fête pâle et douce. Ma tristesse avait disparu. J'entendais mon père me gronder, Pia se moquer de moi, mes ennemis tramer des complots et rien de tout cela ne me paraissait réel. La seule réalité était dans cette irréelle lumière, et je l'invoquais en souriant. Je ne comprenais pas quelle mystérieuse ressemblance unissait mes peines aux solennels mystères qui se célébraient dans les bois, au ciel et sur la mer, mais je sentais que leur explication, leur consolation, leur pardon était proféré, et qu'il était sans importance que mon intelligence ne fût pas dans le secret, puisque mon cœur l'entendait si bien. J'appelai par son nom ma sainte mère la nuit, ma tristesse avait reconnu dans la lune sa sœur immortelle, la lune brillait sur les douleurs transfigurées de la nuit et dans mon cœur, où s'étaient dissipés les nuages, s'était levée la mélancolie.

II

Alors j'entendis des pas. Assunta venait vers moi, sa tête blanche levée sur un vaste manteau sombre. Elle me dit un peu bas : « J'avais peur que vous n'ayez froid, mon frère était couché, je suis revenue. » Je m'approchai d'elle ; je frissonnais, elle me prit sous son manteau et pour en retenir le pan, passa sa main autour de mon cou.

Nous fîmes quelques pas sous les arbres, dans l'obscurité profonde. Quelque chose brilla devant nous, je n'eus pas le temps de reculer et fis un écart, croyant que nous butions contre un tronc, mais l'obstacle se déroba sous nos pieds, nous avions marché dans de la lune. Je rapprochai sa tête de la mienne. Elle sourit, je me mis à pleurer, je vis qu'elle pleurait aussi. Alors nous comprîmes que la lune pleurait et que sa tristesse était à l'unisson de la nôtre. Les accents poignants et doux de sa lumière nous allaient au cœur. Comme nous, elle pleurait, et comme nous faisons presque toujours, elle pleurait sans savoir pourquoi, mais en le sentant si profondément qu'elle entraînait dans son doux désespoir irrésistible les bois, les champs, le ciel, qui de nouveau se mirait dans la mer, et mon cœur qui voyait enfin clair dans son cœur.

X
SOURCE DES LARMES
QUI SONT DANS LES AMOURS PASSÉES

Le retour des romanciers ou de leurs héros sur leurs amours défuntes, si touchant pour le lecteur, est malheureusement bien artificiel. Ce contraste entre l'immensité de notre amour passé et l'absolu de notre indifférence présente, dont mille détails matériels, – un nom rappelé dans la conversation, une lettre retrouvée dans un tiroir, la rencontre même de la personne, ou, plus encore, sa possession après coup pour ainsi dire, – nous font prendre conscience, ce contraste, si affligeant, si plein de larmes contenues, dans une œuvre d'art, nous le constatons froidement dans la vie, précisément parce que notre état présent est l'indifférence et l'oubli, que notre aimée et notre amour ne nous plaisent plus qu'esthétiquement tout au plus, et qu'avec l'amour, le trouble, la faculté de souffrir ont disparu. La mélancolie poignante de ce contraste n'est donc qu'une vérité morale. Elle deviendrait aussi une réalité psychologique si un écrivain la plaçait au commencement de la passion qu'il décrit et non après sa fin.

Souvent, en effet, quand nous commençons d'aimer, avertis par notre expérience et notre sagacité, – malgré la protestation de notre cœur qui a le sentiment ou plutôt l'illusion de l'éternité de son amour, – nous savons qu'un jour celle de la pensée de qui nous vivons nous sera aussi indifférente que nous le sont maintenant toutes les autres qu'elle… Nous entendrons son nom sans une volupté douloureuse, nous verrons son écriture sans trembler, nous ne changerons pas notre chemin pour l'apercevoir dans la rue, nous la rencontrerons sans trouble, nous la posséderons sans délire. Alors cette prescience certaine, malgré le pressentiment absurde et si fort que nous l'aimerons toujours, nous fera pleurer ; et l'amour, l'amour qui sera encore levé sur nous comme un divin matin infiniment mystérieux et triste mettra devant notre douleur un peu de ses grands horizons étranges, si profonds, un peu de sa désolation enchanteresse…

XI
AMITIÉ

Il est doux quand on a du chagrin de se coucher dans la chaleur de son lit, et là tout effort et toute résistance supprimés, la tête même sous les couvertures, de s'abandonner tout entier, en gémissant, comme les branches au vent d'automne. Mais il est un lit meilleur encore, plein d'odeurs divines. C'est notre douce, notre profonde, notre impénétrable amitié. Quand il est triste et glacé, j'y couche frileusement mon cœur. Ensevelissant même ma pensée dans notre chaude tendresse, ne percevant plus rien du dehors et ne voulant plus me défendre, désarmé, mais par le miracle de notre tendresse aussitôt fortifié, invincible, je pleure de ma peine, et de ma joie d'avoir une confiance où l'enfermer.

XII
ÉPHÉMÈRE EFFICACITÉ DU CHAGRIN

Soyons reconnaissants aux personnes qui nous donnent du bonheur, elles sont les charmants jardiniers par qui nos âmes sont fleuries. Mais soyons plus reconnaissants aux femmes méchantes ou seulement indifférentes, aux amis cruels qui nous ont causé du chagrin. Ils ont dévasté notre cœur, aujourd'hui jonché de débris méconnaissables, ils ont déraciné les troncs et mutilé les plus délicates branches, comme un vent désolé, mais qui sema quelques bons grains pour une moisson incertaine.

En brisant tous les petits bonheurs qui nous cachaient nôtre grande misère, en faisant de notre cœur un nu préau mélancolique, ils nous ont permis de le contempler enfin et de le juger. Les pièces tristes nous font un bien semblable; aussi faut-il les tenir pour bien supérieures aux gaies, qui trompent notre faim au lieu de l'assouvir : le pain qui doit nous nourrir est amer. Dans la vie heureuse, les destinées de nos semblables ne nous apparaissent pas dans leur réalité, que l'intérêt les masque ou que le désir les transfigure. Mais dans le détachement que donne la souffrance, dans la vie, et le sentiment de la beauté douloureuse, au théâtre, les destinées des autres hommes et la nôtre même font entendre enfin à notre âme attentive l'éternelle parole inentendue de devoir et de vérité. L'œuvre triste d'un artiste véritable nous parle avec cet accent de ceux qui ont souffert, qui forcent tout homme qui a souffert à laisser là tout le reste et à écouter.

Hélas ! ce que le sentiment apporta, ce capricieux le remporte et la tristesse plus haute que la gaieté n'est pas durable comme la vertu. Nous avons oublié ce matin la tragédie qui hier soir nous éleva si haut que nous considérions notre vie dans son ensemble et dans sa réalité avec une pitié clairvoyante et sincère. Dans un an peut-être, nous serons consolés de la trahison d'une femme, de la mort d'un ami. Le vent, au milieu de ce bris de rêves, de cette jonchée de bonheurs flétris a semé le bon grain sous une ondée de larmes, mais elles sécheront trop vite pour qu'il puisse germer.

*Après l'*Invitée *de M. de Curel.*

XIII
ÉLOGE DE LA MAUVAISE MUSIQUE

Détestez la mauvaise musique, ne la méprisez pas. Comme on la joue, la chante bien plus, bien plus passionnément que la bonne, bien plus qu'elle elle s'est peu à peu remplie du rêve et des larmes des hommes. Qu'elle vous soit par là vénérable. Sa place, nulle dans l'histoire de l'Art, est immense dans l'histoire sentimentale des sociétés. Le respect, je ne dis pas l'amour, de la mauvaise musique n'est pas seulement une forme de ce qu'on pourrait appeler la charité du bon goût ou son scepticisme, c'est encore la conscience de l'importance du rôle social de la musique. Combien de mélodies, de nul prix aux yeux d'un artiste, sont au nombre des confidents élus par la foule des jeunes gens romanesques et des amoureuses. Que de « bagues d'or », de « Ah ! reste longtemps endormie », dont les feuillets sont tournés chaque soir en tremblant par des mains justement célèbres, trempés par les plus beaux yeux du monde de larmes dont le maître le plus pur envierait le mélancolique et voluptueux tribut, – confidentes ingénieuses et inspirées qui ennoblissent le chagrin et exaltent le rêve, et en échange du secret ardent qu'on leur confie donnent l'enivrante illusion de la beauté. Le peuple, la bourgeoisie, l'armée, la noblesse, comme ils ont les mêmes facteurs, porteurs du deuil qui les frappe ou du bonheur qui les comble, ont les mêmes invisibles messagers d'amour, les mêmes confesseurs bien-aimés. Ce sont les mauvais musiciens. Telle fâcheuse ritournelle, que toute oreille bien née et bien

élevée refuse à l'instant d'écouter, a reçu le trésor
de milliers d'âmes, garde le secret de milliers de vies,
dont elle fut l'inspiration vivante, la consolation toujours prête, toujours entrouverte sur le pupitre du
piano, la grâce rêveuse et l'idéal. Tels arpèges, telle
« rentrée » ont fait résonner dans l'âme de plus d'un
amoureux ou d'un rêveur les harmonies du paradis ou
la voix même de la bien-aimée. Un cahier de mauvaises romances, usé pour avoir trop servi, doit nous
toucher comme un cimetière ou comme un village.
Qu'importe que les maisons n'aient pas de style, que
les tombes disparaissent sous les inscriptions et les
ornements de mauvais goût. De cette poussière peut
s'envoler, devant une imagination assez sympathique
et respectueuse pour taire un moment ses dédains
esthétiques, la nuée des âmes tenant au bec le rêve
encore vert qui leur faisait pressentir l'autre monde, et
jouir ou pleurer dans celui-ci.

XIV
RENCONTRE AU BORD DU LAC

Hier, avant d'aller dîner au Bois, je reçus une lettre
d'Elle, qui répondait assez froidement après huit jours à
une lettre désespérée, qu'elle craignait de ne pouvoir me
dire adieu avant de partir. Et moi, assez froidement, oui,
je lui répondis que cela valait mieux ainsi et que je lui
souhaitais un bel été. Puis, je me suis habillé et j'ai traversé le Bois en voiture découverte. J'étais extrêmement
triste, mais calme. J'étais résolu à oublier, j'avais pris
mon parti : c'était une affaire de temps.

Comme la voiture prenait l'allée du lac, j'aperçus au fond même du petit sentier qui contourne le lac à cinquante mètres de l'allée, une femme seule qui marchait lentement. Je ne la distinguai pas bien d'abord. Elle me fit un petit bonjour de la main, et alors je la reconnus malgré la distance qui nous séparait. C'était elle ! Je la saluai longuement. Et elle continua à me regarder comme si elle avait voulu me voir m'arrêter et la prendre avec moi. Je n'en fis rien, mais je sentis bientôt une émotion presque extérieure s'abattre sur moi, m'étreindre fortement. « Je l'avais bien deviné, m'écriai-je. Il y a une raison que j'ignore et pour laquelle elle a toujours joué l'indifférence. Elle m'aime, chère âme. » Un bonheur infini, une invincible certitude m'envahirent, je me sentis défaillir et j'éclatai en sanglots. La voiture approchait d'Armenonville, j'essuyai mes yeux et devant eux passait, comme pour sécher aussi leurs larmes, le doux salut de sa main, et sur eux se fixaient ses yeux doucement interrogateurs, demandant à monter avec moi.

J'arrivai au dîner radieux. Mon bonheur se répandait sur chacun en amabilité joyeuse, reconnaissante et cordiale, et le sentiment que personne ne savait quelle main inconnue d'eux, la petite main qui m'avait salué, avait allumé en moi ce grand feu de joie dont tous voyaient le rayonnement, ajoutait à mon bonheur le charme des voluptés secrètes. On n'attendait plus que Mme de T… et elle arriva bientôt. C'est la plus insignifiante personne que je connaisse, et malgré qu'elle soit plutôt bien faite, la plus déplaisante. Mais j'étais trop heureux pour ne pas pardonner à chacun ses défauts, ses laideurs, et j'allai à elle en souriant d'un air affectueux.

« Vous avez été moins aimable tout à l'heure, dit-elle.

— Tout à l'heure ! dis-je étonné, tout à l'heure, mais je ne vous ai pas vue.

— Comment ! Vous ne m'avez pas reconnue ? Il est vrai que vous étiez loin ; je longeais le lac, vous êtes passé fièrement en voiture, je vous ai fait bonjour de la main et j'avais bien envie de monter avec vous pour ne pas être en retard.

— Comment, c'était vous ! m'écriai-je, et j'ajoutai plusieurs fois avec désolation : Oh ! je vous demande bien pardon, bien pardon !

— Comme il a l'air malheureux ! Je vous fais mon compliment, Charlotte, dit la maîtresse de la maison. Mais consolez-vous donc puisque vous êtes avec elle maintenant ! »

J'étais terrassé, tout mon bonheur était détruit.

Eh bien ! le plus horrible est que cela ne fut pas comme si cela n'avait pas été. Cette image aimante de celle qui ne m'aimait pas, même après que j'eus reconnu mon erreur, changea pour longtemps encore l'idée que je me faisais d'elle. Je tentai un raccommodement, je l'oubliai moins vite et souvent dans ma peine, pour me consoler en m'efforçant de croire que c'étaient les siennes comme je l'avais *senti* tout d'abord, je fermais les yeux pour revoir ses petites mains qui me disaient bonjour, qui auraient si bien essuyé mes yeux, si bien rafraîchi mon front, ses petites mains gantées qu'elle tendait doucement au bord du lac comme de frêles symboles de paix, d'amour et de réconciliation pendant que ses yeux tristes et interrogateurs semblaient demander que je la prisse avec moi.

XV

Comme un ciel sanglant avertit le passant : là il y a un incendie ; certes, souvent certains regards embrasés dénoncent des passions qu'ils servent seulement à réfléchir. Ce sont les flammes sur le miroir. Mais parfois aussi des personnes indifférentes et gaies ont des yeux vastes et sombres ainsi que des chagrins, comme si un filtre était tendu entre leur âme et leurs yeux et si elles avaient pour ainsi dire « passé » tout le contenu vivant de leur âme dans leurs yeux. Désormais, échauffée seulement par la ferveur de leur égoïsme, – cette sympathique ferveur de l'égoïsme qui attire autant les autres que l'incendiaire passion les éloigne, – leur âme desséchée ne sera plus que le palais factice des intrigues. Mais leurs yeux sans cesse enflammés d'amour et qu'une rosée de langueur arrosera, lustrera, fera flotter, noiera sans pouvoir les éteindre, étonneront l'univers par leur tragique flamboiement. Sphères jumelles désormais indépendantes de leur âme, sphères d'amour, ardents satellites d'un monde à jamais refroidi, elles continueront jusqu'à leur mort de jeter un éclat insolite et décevant, faux prophètes, parjures aussi qui promettent un amour que leur cœur ne tiendra pas.

XVI
L'ÉTRANGER

Dominique s'était assis près du feu éteint en attendant ses convives. Chaque soir, il invitait quelque grand seigneur à venir souper chez lui avec des gens d'esprit, et comme il était bien né, riche et charmant, on ne le laissait jamais seul. Les flambeaux n'étaient pas encore allumés et le jour mourait tristement dans la chambre. Tout à coup, il entendit une voix lui dire, une voix lointaine et intime lui dire : « Dominique » – et rien qu'en l'entendant prononcer, prononcer si loin et si près : « Dominique », il fut glacé par la peur. Jamais il n'avait entendu cette voix, et pourtant la reconnaissait si bien, ses remords reconnaissaient si bien la voix d'une victime, d'une noble victime immolée. Il chercha quel crime ancien il avait commis, et ne se souvint pas. Pourtant l'accent de cette voix lui reprochait bien un crime, un crime qu'il avait sans doute commis sans en avoir conscience, mais dont il était responsable, – attestaient sa tristesse et sa peur. – Il leva les yeux et vit, debout devant lui, grave et familier, un étranger d'une allure vague et saisissante. Dominique salua de quelques paroles respectueuses son autorité mélancolique et certaine.

« Dominique, serais-je le seul que tu n'inviteras pas à souper ? Tu as des torts à réparer avec moi, des torts anciens. Puis, je t'apprendrai à te passer des autres qui, quand tu seras vieux, ne viendront plus.

– Je t'invite à souper, répondit Dominique avec une gravité affectueuse qu'il ne se connaissait pas.

– Merci », dit l'étranger.

Nulle couronne n'était inscrite au chaton de sa bague, et sur sa parole l'esprit n'avait pas givré ses brillantes aiguilles. Mais la reconnaissance de son regard fraternel et fort enivra Dominique d'un bonheur inconnu.

« Mais si tu veux me garder auprès de toi, il faut congédier tes autres convives. »

Dominique les entendit qui frappaient à la porte. Les flambeaux n'étaient pas allumés, il faisait tout à fait nuit.

« Je ne peux pas les congédier, répondit Dominique, *je ne peux pas être seul.*

– En effet, avec moi, tu serais seul, dit tristement l'étranger. Pourtant tu devrais bien me garder. Tu as des torts anciens envers moi et que tu devrais réparer. Je t'aime plus qu'eux tous et t'apprendrais à te passer d'eux, qui, quand tu seras vieux, ne viendront plus.

– Je ne peux pas », dit Dominique.

Et il sentit qu'il venait de sacrifier un noble bonheur, sur l'ordre d'une habitude impérieuse et vulgaire, qui n'avait plus même de plaisirs à dispenser comme prix à son obéissance.

« Choisis vite », reprit l'étranger suppliant et hautain.

Dominique alla ouvrir la porte aux convives, et en même temps il demandait à l'étranger sans oser détourner la tête :

« Qui donc es-tu ? »

Et l'étranger, l'étranger qui déjà disparaissait, lui dit :

« L'habitude à qui tu me sacrifies encore ce soir sera plus forte demain du sang de la blessure que tu me fais pour la nourrir. Plus impérieuse d'avoir été obéie une fois de plus, chaque jour elle te détournera de moi, te forcera à me faire souffrir davantage. Bientôt tu m'auras tué. Tu ne me verras plus jamais. Et pourtant tu me devais plus qu'aux autres, qui, dans des temps prochains, te délaisseront. Je suis en toi et pourtant je suis à jamais loin de toi, déjà je ne suis presque plus. Je suis ton âme, je suis toi-même. »

Les convives étaient entrés. On passa dans la salle à manger et Dominique voulut raconter son entretien avec

le visiteur disparu, mais devant l'ennui général et la
visible fatigue du maître de la maison à se rappeler un
rêve presque effacé, Girolamo l'interrompit à la satisfaction de tous et de Dominique lui-même en tirant cette
conclusion :

« Il ne faut jamais rester seul, la solitude engendre la
mélancolie. »

Puis on se remit à boire ; Dominique causait gaiement
mais sans joie, flatté pourtant de la brillante assistance.

XVII
RÊVE

> « Tes pleurs coulaient pour moi,
> ma lèvre a bu tes pleurs. »
> ANATOLE FRANCE

Je n'ai aucun effort à faire pour me rappeler quelle
était samedi (il y a quatre jours) mon opinion sur Mme
Dorothy B... Le hasard a fait que précisément ce jour-là
on avait parlé d'elle et je fus sincère en disant que je la
trouvais sans charme et sans esprit. Je crois qu'elle a
vingt-deux ou vingt-trois ans. Je la connais du reste très
peu, et quand je pensais à elle, aucun souvenir vif ne
revenant affleurer à mon attention, j'avais seulement
devant les yeux les lettres de son nom.

Je me couchai samedi d'assez bonne heure. Mais vers
deux heures le vent devint si fort que je dus me relever
pour fermer un volet mal attaché qui m'avait réveillé.
Je jetai, sur le court sommeil que je venais de dormir,
un regard rétrospectif et me réjouis qu'il eût été répara-

teur, sans malaise, sans rêves. À peine recouché, je me rendormis. Mais au bout d'un temps difficile à apprécier, je me réveillai peu à peu, ou plutôt je m'éveillai peu à peu au monde des rêves, confus d'abord comme l'est le monde réel à un réveil ordinaire, mais qui se précisa. Je me reposais sur la grève de Trouville qui était en même temps un hamac dans un jardin que je ne connaissais pas, et une femme me regardait avec une fixe douceur. C'était Mme Dorothy B… Je n'étais pas plus surpris que je ne le suis le matin au réveil en reconnaissant ma chambre. Mais je ne l'étais pas davantage du charme surnaturel de ma compagne et des transports d'adoration voluptueuse et spirituelle à la fois que sa présence me causait. Nous nous regardions d'un air entendu, et il était en train de s'accomplir un grand miracle de bonheur et de gloire dont nous étions conscients, dont elle était complice et dont je lui avais une reconnaissance infinie. Mais elle me disait :

« Tu es fou de me remercier, n'aurais-tu pas fait la même chose pour moi ? »

Et le sentiment (c'était d'ailleurs une parfaite certitude) que j'aurais fait la même chose pour elle exaltait ma joie jusqu'au délire comme le symbole manifeste de la plus étroite union. Elle fit, du doigt, un signe mystérieux et sourit. Et je savais, comme si j'avais été à la fois en elle et en moi, que cela signifiait : « Tous tes ennemis, tous tes maux, tous tes regrets, toutes tes faiblesses, n'est-ce plus rien ? » Et sans que j'aie dit un mot elle m'entendait lui répondre qu'elle avait de tout aisément été victorieuse, tout détruit, voluptueusement magnétisé ma souffrance. Et elle se rapprocha, de ses mains me caressait le cou, lentement relevait mes moustaches. Puis elle me dit : « Maintenant allons vers les autres, entrons dans la vie. » Une joie surhumaine m'emplissait et je me sentais la force de réaliser tout ce bonheur virtuel. Elle voulut me donner une fleur, d'entre ses seins tira une rose encore close, jaune et rosée, l'attacha à ma boutonnière. Tout à coup je sentis mon ivresse accrue par une volupté nouvelle. C'était la rose qui, fixée à ma boutonnière, avait commencé d'exhaler jusqu'à mes narines son odeur d'amour. Je vis que ma joie troublait Dorothy d'une émotion que je ne pouvais comprendre. Au moment précis où ses yeux (par la mystérieuse conscience que j'avais de son individualité à elle, j'en fus certain) éprouvèrent le léger spasme qui précède d'une seconde le moment où l'on pleure, ce furent mes yeux qui s'emplirent de larmes, de ses larmes, pourrais-je dire. Elle s'approcha, mit à la hauteur de ma joue sa tête renversée dont je pouvais contempler la grâce mystérieuse, la captivante vivacité, et dardant sa langue hors de sa bouche fraîche, souriante, cueillait toutes mes larmes au bord de mes yeux. Puis elle les avalait avec un léger bruit des lèvres, que je ressentais comme un baiser inconnu, plus intimement troublant que s'il m'avait directement touché. Je me réveillai brusquement, reconnus ma chambre et comme, dans un orage voisin, un coup de tonnerre suit immédiatement l'éclair, un vertigineux souvenir de bonheur s'identifia plutôt qu'il ne la précéda avec la foudroyante certitude de son mensonge et de son impossibilité. Mais, en dépit de tous les raisonnements, Dorothy B... avait cessé d'être pour moi la femme qu'elle était encore la veille. Le petit sillon laissé dans mon souvenir par les quelques relations que j'avais eues avec elle était presque effacé, comme après une marée puissante qui avait laissé derrière elle, en se retirant, des vestiges inconnus. J'avais un immense désir, désenchanté d'avance, de la revoir, le besoin instinctif et la sage défiance de lui écrire. Son nom prononcé dans une conversation me fit tressaillir, évoqua pourtant l'image insignifiante qui l'eût seule accompagné avant cette nuit, et pendant qu'elle m'était indifférente comme n'importe quelle banale femme du monde, elle m'attirait plus irrésistiblement que les maîtresses les plus chères, ou la plus enivrante destinée. Je n'aurais pas fait un pas pour la voir, et pour l'autre « elle », j'aurais donné ma vie. Chaque heure efface un peu le souvenir du rêve déjà bien défiguré dans ce récit. Je le distingue de moins en moins, comme un livre qu'on veut continuer à lire à sa table quand le jour baissant ne l'éclaire plus assez, quand la nuit vient. Pour l'apercevoir encore un peu, je suis obligé de cesser d'y penser par instants, comme on est obligé de fermer d'abord les yeux pour lire encore quelques caractères dans le livre plein d'ombre. Tout effacé qu'il est, il laisse encore un grand trouble en moi, l'écume de son sillage ou la volupté de son parfum. Mais ce trouble lui-même s'évanouira, et je verrai Mme B... sans émotion. À quoi bon d'ailleurs lui parler de ces choses auxquelles elle est restée étrangère.

Hélas ! l'amour a passé sur moi comme ce rêve, avec une puissance de transfiguration aussi mystérieuse. Aussi vous qui connaissez celle que j'aime, et qui n'étiez pas dans mon rêve, vous ne pouvez pas me comprendre, n'essayez pas de me conseiller.

XVIII
TABLEAUX
DE GENRE DU SOUVENIR

Nous avons certains souvenirs qui sont comme la peinture hollandaise de notre mémoire, tableaux de genre où les personnages sont souvent de condition médiocre, pris à un moment bien simple de leur existence, sans événements solennels, parfois sans événements du tout, dans un cadre nullement extraordinaire et sans grandeur. Le naturel des caractères et l'innocence de la scène en font l'agrément, l'éloignement met entre elle et nous une lumière douce qui la baigne de beauté.

Ma vie de régiment est pleine de scènes de ce genre que je vécus naturellement, sans joie bien vive et sans grand chagrin, et dont je me souviens avec beaucoup de douceur. Le caractère agreste des lieux, la simplicité de quelques-uns de mes camarades paysans, dont le corps était resté plus beau, plus agile, l'esprit plus original, le cœur plus spontané, le caractère plus naturel que chez les jeunes gens que j'avais fréquentés auparavant et que je fréquentai dans la suite, le calme d'une vie où les occupations sont plus réglées et l'imagination moins asservie que dans toute autre, où le plaisir nous accompagne d'autant plus continuellement que nous n'avons jamais le temps de le fuir en courant à sa recherche, tout concourt à faire aujourd'hui de cette époque de ma vie comme une suite, coupée de lacunes, il est vrai, de petits tableaux pleins de vérité heureuse et de charme sur lesquels le temps a répandu sa tristesse douce et sa poésie.

XIX
VENT DE MER À LA CAMPAGNE

« Je t'apporterai un jeune pavot,
aux pétales de pourpre. »
THÉOCRITE, « Le Cyclope »

Au jardin, dans le petit bois, à travers la campagne, le vent met une ardeur folle et inutile à disperser les rafales du soleil, à les pourchasser en agitant furieusement les branches du taillis où elles s'étaient d'abord abattues, jusqu'au fourré étincelant où elles frémissent maintenant, toutes palpitantes. Les arbres, les linges qui sèchent, la queue du paon qui roue découpent dans l'air transparent des ombres bleues extraordinairement nettes qui volent à tous les vents sans quitter le sol comme un cerf-volant mal lancé. Ce pêle-mêle de vent et de lumière fait ressembler ce coin de la Champagne à un paysage du bord de la mer. Arrivés en haut de ce chemin qui, brûlé de lumière et essoufflé de vent, monte en plein soleil, vers un ciel nu, n'est-ce pas la mer que nous allons apercevoir blanche de soleil et d'écume ? Comme chaque matin vous étiez venue, les mains pleines de fleurs et des douces plumes que le vol d'un ramier, d'une hirondelle ou d'un geai, avait laissé choir dans l'allée. Les plumes tremblent à mon chapeau, le pavot s'effeuille à ma boutonnière, rentrons promptement.

La maison crie sous le vent comme un bateau, on entend d'invisibles voiles s'enfler, d'invisibles drapeaux claquer dehors. Gardez sur vos genoux cette touffe de roses fraîches et laissez pleurer mon cœur entre vos mains fermées.

XX
LES PERLES

Je suis rentré au matin et je me suis frileusement couché, frissonnant d'un délire mélancolique et glacé. Tout à l'heure, dans ta chambre, tes amis de la veille, tes projets du lendemain, – autant d'ennemis, autant de complots tramés contre moi, – tes pensées de l'heure, – autant de lieues vagues et infranchissables, – me séparaient de toi. Maintenant que je suis loin de toi, cette présence imparfaite, masque fugitif de l'éternelle absence que les baisers soulèvent bien vite, suffirait, il me semble, à me montrer ton vrai visage et à combler les aspirations de mon amour. Il a fallu partir ; que triste et glacé je reste loin de toi ! Mais, par quel enchantement soudain les rêves familiers de notre bonheur recommencent-ils à monter, épaisse fumée sur une flamme claire et brûlante, à monter joyeusement et sans interruption dans ma tête ? Dans ma main, réchauffée sous les couvertures, s'est réveillée l'odeur des cigarettes de roses que tu m'avais fait fumer. J'aspire longuement la bouche collée à ma main le parfum qui, dans la chaleur du souvenir, exhale d'épaisses bouffées de tendresse, de bonheur et de « toi ». Ah ! ma petite bien-aimée, au moment où je peux si bien me passer de toi, où je nage joyeusement dans ton souvenir – qui maintenant emplit la chambre – sans avoir à lutter contre ton corps insurmontable, je te le dis absurdement, je te le dis irrésistiblement, je ne peux pas me passer de toi. C'est ta présence qui donne à ma vie cette couleur fine, mélancolique et chaude comme aux perles qui passent la nuit

sur ton corps. Comme elles, je vis et tristement me
nuance à ta chaleur, et comme elles, si tu ne me gardais
pas sur toi je mourrais.

XXI
LES RIVAGES DE L'OUBLI

« On dit que la Mort embellit ceux qu'elle frappe et
exagère leurs vertus, mais c'est bien plutôt en général la
vie qui leur faisait tort. La mort, ce pieux et irrépro-
chable témoin, nous apprend, selon la vérité, selon la
charité, qu'en chaque homme il y a ordinairement plus
de bien que de mal. » Ce que Michelet dit ici de la mort
est peut-être encore plus vrai de cette mort qui suit un
grand amour malheureux. L'être qui après nous avoir
tant fait souffrir ne nous est plus rien, est-ce assez de
dire, suivant l'expression populaire, qu'il est « mort pour
nous ». Les morts, nous les pleurons, nous les aimons
encore, nous subissons longtemps l'irrésistible attrait du
charme qui leur survit et qui nous ramène souvent près
des tombes. L'être au contraire qui nous a fait tout
éprouver et de l'essence de qui nous sommes saturés ne
peut plus maintenant faire passer sur nous l'ombre
même d'une peine ou d'une joie. Il est plus que mort
pour nous. Après l'avoir tenu pour la seule chose précieuse de ce monde, après l'avoir maudit, après l'avoir
méprisé, il nous est impossible de le juger, à peine les
traits de sa figure se précisent-ils encore devant les yeux
de notre souvenir, épuisés d'avoir été trop longtemps
fixés sur eux. Mais ce jugement sur l'être aimé, jugement
qui a tant varié, tantôt torturant de ses clairvoyances

notre cœur aveugle, tantôt s'aveuglant aussi pour mettre fin à ce désaccord cruel, doit accomplir une oscillation dernière. Comme ces paysages qu'on découvre seulement des sommets, des hauteurs du pardon apparaît dans sa valeur véritable celle qui était plus que morte pour nous après avoir été notre vie elle-même. Nous savions seulement qu'elle ne nous rendait pas notre amour, nous comprenons maintenant qu'elle avait pour nous une véritable amitié. Ce n'est pas le souvenir qui l'embellit, c'est l'amour qui lui faisait tort. Pour celui qui veut tout, et à qui tout, s'il l'obtenait, ne suffirait pas, recevoir un peu ne semble qu'une cruauté absurde. Maintenant nous comprenons que c'était un don généreux de celle que notre désespoir, notre ironie, notre tyrannie perpétuelle n'avaient pas découragée. Elle fut toujours douce. Plusieurs propos aujourd'hui rapportés nous semblent d'une justesse indulgente et pleine de charme, plusieurs propos d'elle que nous croyions incapable de nous comprendre parce qu'elle ne nous aimait pas. Nous, au contraire, avons parlé d'elle avec tant d'égoïsme injuste et de sévérité. Ne lui devons-nous pas beaucoup d'ailleurs ? Si cette grande marée de l'amour s'est retirée à jamais, pourtant, quand nous nous promenons en nous-mêmes nous pouvons ramasser des coquillages étranges et charmants et, en les portant à l'oreille, entendre avec un plaisir mélancolique et sans plus en souffrir la vaste rumeur d'autrefois. Alors nous songeons avec attendrissement à celle dont notre malheur voulut qu'elle fût plus aimée qu'elle n'aimait. Elle n'est plus « plus que morte » pour nous. Elle est une morte dont on se souvient affectueusement. La justice veut que nous redressions l'idée que nous avions d'elle.

Et par la toute-puissante vertu de la justice, elle ressuscite en esprit dans notre cœur pour paraître à ce jugement dernier que nous rendons loin d'elle, avec calme, les yeux en pleurs.

XXII
PRÉSENCE RÉELLE

Nous nous sommes aimés dans un village perdu d'Engadine au nom deux fois doux : le rêve des sonorités allemandes s'y mourait dans la volupté des syllabes italiennes. À l'entour, trois lacs d'un vert inconnu baignaient des forêts de sapins. Des glaciers et des pics fermaient l'horizon. Le soir, la diversité des plans multipliait la douceur des éclairages. Oublierons-nous jamais les promenades au bord du lac de Sils-Maria, quand l'après-midi finissait, à six heures ? Les mélèzes d'une si noire sérénité quand ils avoisinent la neige éblouissante tendaient vers l'eau bleu pâle, presque mauve, leurs branches d'un vert suave et brillant. Un soir l'heure nous fut particulièrement propice ; en quelques instants, le soleil baissant, fit passer l'eau par toutes les nuances et notre âme par toutes les voluptés. Tout à coup nous fîmes un mouvement, nous venions de voir un petit papillon rose, puis deux, puis cinq, quitter les fleurs de notre rive et voltiger au-dessus du lac. Bientôt ils semblaient une impalpable poussière de rose emportée, puis ils abordaient aux fleurs de l'autre rive, revenaient et doucement recommençaient l'aventureuse traversée, s'arrêtant parfois comme tentés au-dessus de ce lac précieusement nuancé alors comme une grande fleur qui se fane. C'en était trop et nos yeux s'emplissaient de larmes. Ces petits papillons, en traversant le lac, passaient et repassaient sur notre âme, – sur notre âme toute tendue d'émotion devant tant de beautés, prête à vibrer, – passaient et repassaient comme un archet voluptueux. Le mouvement léger de leur vol n'effleurait pas les eaux, mais caressait nos yeux, nos cœurs, et à chaque coup de leurs petites ailes roses nous manquions de défaillir. Quand nous les aperçûmes qui revenaient de l'autre rive, décelant ainsi qu'ils jouaient et librement se promenaient sur les eaux, une harmonie délicieuse résonna pour nous ; eux cependant revenaient doucement avec mille détours capricieux qui varièrent l'harmonie primitive et dessinaient une mélodie d'une fantaisie enchanteresse. Notre âme devenue sonore écoutait en leur vol silencieux une musique de charme et de liberté et toutes les douces harmonies intenses du lac, des bois, du ciel et de notre propre vie l'accompagnaient avec une douceur magique qui nous fit fondre en larmes.

Je ne t'avais jamais parlé et tu étais même loin de mes yeux cette année-là. Mais que nous nous sommes aimés alors en Engadine ! Jamais je n'avais assez de toi, jamais je ne te laissais à la maison. Tu m'accompagnais dans mes promenades, mangeais à ma table, couchais dans mon lit, rêvais dans mon âme. Un jour – se peut-il qu'un sûr instinct, mystérieux messager, ne t'ait pas avertie de ces enfantillages où tu fus si étroitement mêlée, que tu vécus, oui, vraiment vécus, tant tu avais en moi une « présence réelle » ? – un jour (nous n'avions ni l'un ni l'autre jamais vu l'Italie), nous restâmes comme éblouis de ce mot qu'on nous dit de l'Alpgrun : « De là on voit

jusqu'en Italie. » Nous partîmes pour l'Alpgrun, imaginant que, dans le spectacle étendu devant le pic, là où
commencerait l'Italie, le paysage réel et dur cesserait
brusquement et que s'ouvrirait dans un fond de rêve une
vallée toute bleue. En route, nous nous rappelâmes
qu'une frontière ne change pas le sol et que si même il
changeait ce serait trop insensiblement pour que nous
puissions le remarquer ainsi, tout d'un coup. Un peu
déçus nous riions pourtant d'avoir été si petits enfants
tout à l'heure.

Mais en arrivant au sommet, nous restâmes éblouis.
Notre enfantine imagination était devant nos yeux réalisée. À côté de nous, des glaciers étincelaient. À nos pieds
des torrents sillonnaient un sauvage pays d'Engadine
d'un vert sombre. Puis une colline un peu mystérieuse ;
et après des pentes mauves entrouvraient et fermaient
tour à tour une vraie contrée bleue, une étincelante avenue vers l'Italie. Les noms n'étaient plus les mêmes, aussitôt s'harmonisaient avec cette suavité nouvelle. On
nous montrait le lac de Poschiavo, le pizzo di Verone, le
val de Viola. Après nous allâmes à un endroit extraordinairement sauvage et solitaire, où la désolation de la
nature et la certitude qu'on y était inaccessible à tous,
et aussi invisible, invincible, aurait accru jusqu'au délire
la volupté de s'aimer là. Je sentis alors vraiment à fond
la tristesse de ne t'avoir pas avec moi sous tes matérielles
espèces, autrement que sous la robe de mon regret, en
la réalité de mon désir. Je descendis un peu jusqu'à
l'endroit encore très élevé où les voyageurs venaient
regarder. On a dans une auberge isolée un livre où ils
écrivent leurs noms. J'écrivis le mien et à côté une combinaison de lettres qui était une allusion au tien, parce

qu'il m'était impossible alors de ne pas me donner une preuve matérielle de la réalité de ton voisinage spirituel. En mettant un peu de toi sur ce livre il me semblait que je me soulageais d'autant du poids obsédant dont tu étouffais mon âme. Et puis, j'avais l'immense espoir de te mener un jour là, lire cette ligne ; ensuite tu monterais avec moi plus haut encore me venger de toute cette tristesse. Sans que j'aie rien eu à t'en dire, tu aurais tout compris, ou plutôt de tout tu te serais souvenue ; et tu t'abandonnerais en montant, pèserais un peu sur moi pour mieux me faire sentir que cette fois tu étais bien là ; et moi entre tes lèvres qui gardent un léger parfum de tes cigarettes d'Orient, je trouverais tout l'oubli. Nous dirions très haut des paroles insensées pour la gloire de crier sans que personne au plus loin puisse nous entendre ; des herbes courtes, au souffle léger des hauteurs, frémiraient seules. La montée te ferait ralentir tes pas, un peu souffler et ma figure s'approcherait pour sentir ton souffle : nous serions fous. Nous irions aussi là où un lac blanc est à côté d'un lac noir doux comme une perle blanche à côté d'une perle noire. Que nous nous serions aimés dans un village perdu d'Engadine ! Nous n'aurions laissé approcher de nous que des guides de montagne, ces hommes si grands dont les yeux reflètent autre chose que les yeux des autres hommes, sont aussi comme d'une autre « eau ». Mais je ne me soucie plus de toi. La satiété est venue avant la possession. L'amour platonique lui-même a ses saturations. Je ne voudrais plus t'emmener dans ce pays que, sans le comprendre et même le connaître, tu m'évoques avec une fidélité si touchante. Ta vue ne garde pour moi qu'un charme, celui de me rappeler tout à coup ces noms d'une douceur étrange, allemande et italienne : Sils-Maria, Silva Plana, Crestalta, Samaden, Celerina, Juliers, val de Viola.

XXIII
COUCHER DE SOLEIL
INTÉRIEUR

Comme la nature, l'intelligence a ses spectacles. Jamais les levers de soleil, jamais les clairs de lune qui si souvent m'ont fait délirer jusqu'aux larmes, n'ont surpassé pour moi en attendrissement passionné ce vaste embrasement mélancolique qui, durant les promenades à la fin du jour, nuance alors autant de flots dans notre âme que le soleil quand il se couche en fait briller sur la mer. Alors nous précipitons nos pas dans la nuit. Plus qu'un cavalier que la vitesse croissante d'une bête adorée étourdit et enivre, nous nous livrons en tremblant de confiance et de joie aux pensées tumultueuses auxquelles, mieux nous les possédons et les dirigeons, nous nous sentons appartenir de plus en plus irrésistiblement. C'est avec une émotion affectueuse que nous parcourons la campagne obscure et saluons les chênes pleins de nuit, comme le champ solennel, comme les témoins épiques de l'élan qui nous entraîne et qui nous grise. En levant les yeux au ciel, nous ne pouvons reconnaître sans exaltation, dans l'intervalle des nuages encore émus de l'adieu du soleil, le reflet mystérieux de nos pensées : nous nous enfonçons de plus en plus vite dans la campagne, et le chien qui nous suit, le cheval qui nous porte ou l'ami qui s'est tu, moins encore parfois quand nul

être vivant n'est auprès de nous, la fleur à notre boutonnière ou la canne qui tourne joyeusement dans nos
mains fébriles, reçoit en regards et en larmes le tribut
mélancolique de notre délire.

XXIV
COMME À LA LUMIÈRE
DE LA LUNE

La nuit était venue, je suis allé à ma chambre,
anxieux de rester maintenant dans l'obscurité sans plus
voir le ciel, les champs et la mer rayonner sous le soleil.
Mais quand j'ai ouvert la porte, j'ai trouvé la chambre
illuminée comme au soleil couchant. Par la fenêtre je
voyais la maison, les champs, le ciel et la mer, ou plutôt
il me semblait les « revoir » en rêve ; la douce lune me
les rappelait plutôt qu'elle ne me les montrait, répan-
dant sur leur silhouette une splendeur pâle qui ne dissipait pas l'obscurité, épaissie comme un oubli sur leur
forme. Et j'ai passé des heures à regarder dans la cour le
souvenir muet, vague, enchanté et pâli des choses qui,
pendant le jour, m'avaient fait plaisir ou m'avaient fait
mal, avec leurs cris, leurs voix ou leur bourdonnement.

L'amour s'est éteint, j'ai peur au seuil de l'oubli ;
mais apaisés, un peu pâles, tout près de moi et pourtant
lointains et déjà vagues, voici, comme à la lumière de la
lune, tous mes bonheurs passés et tous mes chagrins
guéris qui me regardent et qui se taisent. Leur silence
m'attendrit cependant que leur éloignement et leur
pâleur indécise m'enivrent de tristesse et de poésie. Et
je ne puis cesser de regarder ce clair de lune intérieur.

XXV
CRITIQUE DE L'ESPÉRANCE
À LA LUMIÈRE DE L'AMOUR

À peine une heure à venir nous devient-elle le présent qu'elle se dépouille de ses charmes, pour les retrouver, il est vrai, si notre âme est un peu vaste et en *perspectives* bien ménagées, quand nous l'aurons laissée loin derrière nous, sur les routes de la mémoire. Ainsi le village poétique vers lequel nous hâtions le trot de nos espoirs impatients et de nos juments fatiguées exhale de nouveau, quand on a dépassé la colline, ces harmonies voilées, dont la vulgarité de ses rues, le disparate de ses maisons, si rapprochées et fondues à l'horizon, l'évanouissement du brouillard bleu qui semblait le pénétrer, ont si mal tenu les vagues promesses. Mais comme l'alchimiste, qui attribue chacun de ses insuccès à une cause accidentelle et chaque fois différente, loin de soupçonner dans l'essence même du présent une imperfection incurable, nous accusons la malignité des circonstances particulières, les charges de telle situation enviée, le mauvais caractère de telle maîtresse désirée, les mauvaises dispositions de notre santé un jour qui aurait dû être un jour de plaisir, le mauvais temps ou les mauvaises hôtelleries pendant un voyage, d'avoir empoisonné notre bonheur. Aussi certains d'arriver à éliminer ces causes destructives de toute jouissance, nous en appelons sans cesse avec une confiance parfois boudeuse mais jamais désillusionnée d'un rêve réalisé, c'est-à-dire déçu, à un avenir rêvé.

Mais certains hommes réfléchis et chagrins qui rayonnent plus ardemment encore que les autres à la lumière de l'espérance découvrent assez vite qu'hélas ! elle n'émane pas des heures attendues, mais de nos cœurs débordants de rayons que la nature ne connaît pas et qui les versent à torrents sur elle sans y allumer un foyer. Ils ne se sentent plus la force de désirer ce qu'ils savent n'être pas désirable, de vouloir atteindre des rêves qui se flétriront dans leur cœur quand ils voudront les cueillir hors d'eux-mêmes. Cette disposition mélancolique est singulièrement accrue et justifiée dans l'amour. L'imagination en passant et repassant sans cesse sur ses espérances, aiguise admirablement ses déceptions. L'amour malheureux nous rendant impossible l'expérience du bonheur nous empêche encore d'en découvrir le néant. Mais quelle leçon de philosophie, quel conseil de la vieillesse, quel déboire de l'ambition passe en mélancolie les joies de l'amour heureux ! Vous m'aimez, ma chère petite ; comment avez-vous été assez cruelle pour le dire ? Le voilà donc ce bonheur ardent de l'amour partagé dont la pensée seule me donnait le vertige et me faisait claquer des dents !

Je défais vos fleurs, je soulève vos cheveux, j'arrache vos bijoux, j'atteins votre chair, mes baisers recouvrent et battent votre corps comme la mer qui monte sur le sable ; mais vous-même m'échappez et avec vous le bonheur. Il faut vous quitter, je rentre seul et plus triste. Accusant cette calamité dernière, je retourne à jamais auprès de vous ; c'est ma dernière illusion que j'ai arrachée, je suis à jamais malheureux.

Je ne sais pas comment j'ai eu le courage de vous dire cela, c'est le bonheur de toute ma vie que je viens de rejeter impitoyablement, ou du moins la consolation, car vos yeux dont la confiance heureuse m'enivrait encore parfois, ne refléteront plus que le triste désenchantement dont votre sagacité et vos déceptions vous avaient déjà avertie. Puisque ce secret que l'un de nous cachait à l'autre, nous l'avons proféré tout haut, il n'est plus de bonheur pour nous. Il ne nous reste même plus les joies désintéressées de l'espérance. L'espérance est un acte de foi. Nous avons désabusé sa crédulité : elle est morte. Après avoir renoncé à jouir, nous ne pouvons plus nous enchanter à espérer. Espérer sans espoir, qui serait si sage, est impossible.

Mais rapprochez-vous de moi, ma chère petite amie. Essuyez vos yeux, pour voir, je ne sais pas si ce sont les larmes qui me brouillent la vue, mais je crois distinguer là-bas, derrière nous, de grands feux qui s'allument. Oh ! ma chère petite amie que je vous aime ! donnez-moi la main, allons sans trop approcher vers ces beaux feux... Je pense que c'est l'indulgent et puissant Souvenir qui nous veut du bien et qui est en train de faire beaucoup pour nous, ma chère.

XXVI
SOUS-BOIS

Nous n'avons rien à craindre mais beaucoup à apprendre de la tribu vigoureuse et pacifique des arbres qui produit sans cesse pour nous des essences fortifiantes, des baumes calmants, et dans la gracieuse compagnie desquels nous passons tant d'heures fraîches, silencieuses et closes. Par ces après-midi brûlants où la lumière, par son excès même, échappe à notre regard, descendons dans un de ces « fonds » normands d'où montent avec souplesse des hêtres élevés et épais dont les feuillages écartent comme une berge mince mais résistante cet océan de lumière, et n'en retiennent que quelques gouttes qui tintent mélodieusement dans le noir silence du sous-bois. Notre esprit n'a pas, comme au bord de la mer, dans les plaines, sur les montagnes, la joie de s'étendre sur le monde, mais le bonheur d'en être séparé ; et, borné de toutes parts par les troncs indéracinables, il s'élance en hauteur à la façon des arbres. Couchés sur le dos, la tête renversée dans les feuilles sèches, nous pouvons suivre du sein d'un repos profond la joyeuse agilité de notre esprit qui monte, sans faire trembler le feuillage, jusqu'aux plus hautes branches où il se pose au bord du ciel doux, près d'un oiseau qui chante. Çà et là un peu de soleil stagne au pied des arbres qui, parfois, y laissent rêveusement tremper et dorer les feuilles extrêmes de leurs branches. Tout le reste, détendu et fixé, se tait, dans un sombre bonheur. Élancés et debout, dans la vaste offrande de leurs branches, et pourtant reposés et calmes, les arbres, par cette attitude étrange et naturelle, nous invitent avec des murmures gracieux à sympathiser avec une vie si antique et si jeune, si différente de la nôtre et dont elle semble l'obscure réserve inépuisable.

Un vent léger trouble un instant leur étincelante et sombre immobilité, et les arbres tremblent faiblement, balançant la lumière sur leurs cimes et remuant l'ombre à leurs pieds.

Petit-Abbeville (Dieppe), août 1895

XXVII
LES MARRONNIERS

J'aimais surtout à m'arrêter sous les marronniers immenses quand ils étaient jaunis par l'automne. Que d'heures j'ai passées dans ces grottes mystérieuses et verdâtres à regarder au-dessus de ma tête les murmurantes cascades d'or pâle qui y versaient la fraîcheur et l'obscurité ! J'enviais les rouges-gorges et les écureuils d'habiter ces frêles et profonds pavillons de verdure dans les branches, ces antiques jardins suspendus que chaque printemps, depuis deux siècles, couvre de fleurs blanches et parfumées. Les branches, insensiblement courbées, descendaient noblement de l'arbre vers la terre, comme d'autres arbres qui auraient été plantés sur le tronc, la tête en bas. La pâleur des feuilles qui restaient faisait ressortir encore les branchages qui déjà paraissaient plus solides et plus noirs d'être dépouillés, et qui ainsi réunis au tronc semblaient retenir comme un peigne magnifique la douce chevelure blonde répandue.

Réveillon, octobre 1895

XXVIII
LA MER

La mer fascinera toujours ceux chez qui le dégoût de la vie et l'attrait du mystère ont devancé les premiers chagrins, comme un pressentiment de l'insuffisance de la réalité à les satisfaire. Ceux-là qui ont besoin de repos avant d'avoir éprouvé encore aucune fatigue, la mer les consolera, les exaltera vaguement. Elle ne porte pas comme la terre les traces des travaux des hommes et de la vie humaine. Rien n'y demeure, rien n'y passe qu'en fuyant, et des barques qui la traversent, combien le sillage est vite évanoui ! De là cette grande pureté de la mer que n'ont pas les choses terrestres. Et cette eau vierge est bien plus délicate que la terre endurcie qu'il faut une pioche pour entamer. Le pas d'un enfant sur l'eau y creuse un sillon profond avec un bruit clair, et les nuances unies de l'eau en sont un moment brisées ; puis tout vestige s'efface, et la mer est redevenue calme comme aux premiers jours du monde. Celui qui est las des chemins de la terre ou qui devine, avant de les avoir tentés, combien ils sont âpres et vulgaires, sera séduit par les pâles routes de la mer, plus dangereuses et plus douces, incertaines et désertes. Tout y est plus mysté-rieux, jusqu'à ces grandes ombres qui flottent parfois paisiblement sur les champs nus de la mer, sans mai-sons et sans ombrages, et qu'y étendent les nuages, ces hameaux célestes, ces vagues ramures.

La mer a le charme des choses qui ne se taisent pas la nuit, qui sont pour notre vie inquiète une permission de dormir, une promesse que tout ne va pas s'anéantir, comme la veilleuse des petits enfants qui se sentent moins seuls quand elle brille. Elle n'est pas séparée du ciel comme la terre, est toujours en harmonie avec ses couleurs, s'émeut de ses nuances les plus délicates. Elle rayonne sous le soleil et chaque soir semble mourir avec lui. Et quand il a disparu, elle continue à le regretter, à conserver un peu de son lumineux souvenir, en face de la terre uniformément sombre. C'est le moment de ses reflets mélancoliques et si doux qu'on sent son cœur se fondre en les regardant. Quand la nuit est presque venue et que le ciel est sombre sur la terre noircie, elle luit encore faiblement, on ne sait par quel mystère, par quelle brillante relique du jour enfouie sous les flots.

Elle rafraîchit notre imagination parce qu'elle ne fait pas penser à la vie des hommes, mais elle réjouit notre âme, parce qu'elle est, comme elle, aspiration infinie et impuissante, élan sans cesse brisé de chutes, plainte éternelle et douce. Elle nous enchante ainsi comme la musique, qui ne porte pas comme le langage la trace des choses, qui ne nous dit rien des hommes, mais qui imite les mouvements de notre âme. Notre cœur en s'élançant avec leurs vagues, en retombant avec elles, oublie ainsi ses propres défaillances, et se console dans une harmonie intime entre sa tristesse et celle de la mer, qui confond sa destinée et celle des choses.

Septembre 1892

XXIX
MARINE

Les paroles dont j'ai perdu le sens, peut-être faudrait-il me les faire redire d'abord par toutes ces choses qui ont depuis si longtemps un chemin conduisant en moi, depuis bien des années délaissé, mais qu'on peut reprendre et qui, j'en ai la foi, n'est pas à jamais fermé. Il faudrait revenir en Normandie, ne pas s'efforcer, aller simplement près de la mer. Ou plutôt je prendrais les chemins boisés d'où on l'aperçoit de temps en temps et où la brise mêle l'odeur du sel, des feuilles humides et du lait. Je ne demanderais rien à toutes ces choses natales. Elles sont généreuses à l'enfant qu'elles virent naître, d'elles-mêmes lui rapprendraient les choses oubliées. Tout et son parfum d'abord m'annoncerait la mer, mais je ne l'aurais pas encore vue. Je l'entendrais faiblement. Je suivrais un chemin d'aubépines, bien connu jadis, avec attendrissement, avec l'anxiété aussi, par une brusque déchirure de la haie, d'apercevoir tout à coup l'invisible et présente amie, la folle qui se plaint toujours, la vieille reine mélancolique, la mer. Tout à coup je la verrais ; ce serait par un de ces jours de somnolence sous le soleil éclatant où elle réfléchit le ciel bleu comme elle, seulement plus pâle. Des voiles blanches comme des papillons seraient posées sur l'eau immobile, sans plus vouloir bouger, comme pâmées de chaleur. Ou bien la mer serait au contraire agitée, jaune sous le soleil comme un grand champ de boue, avec des soulèvements, qui de si loin paraîtraient fixés, couronnés d'une neige éblouissante.

XXX
VOILES AU PORT

Dans le port étroit et long comme une chaussée d'eau entre ses quais peu élevés où brillent les lumières du soir, les passants s'arrêtaient pour regarder, comme de nobles étrangers arrivés de la veille et prêts à repartir, les navires qui y étaient assemblés. Indifférents à la curiosité qu'ils excitaient chez une foule dont ils paraissaient dédaigner la bassesse ou seulement ne pas parler la langue, ils gardaient dans l'auberge humide où ils s'étaient arrêtés une nuit, leur élan silencieux et immobile. La solidité de l'étrave ne parlait pas moins des longs voyages qui leur restaient à faire que ses avaries des fatigues qu'ils avaient déjà supportées sur ces routes glissantes, antiques comme le monde et nouvelles comme le passage qui les creuse et auquel elles ne survivent pas. Frêles et résistants, ils étaient tournés avec une fierté triste vers l'Océan qu'ils dominent et où ils sont comme perdus. La complication merveilleuse et savante des cordages se reflétait dans l'eau comme une intelligence précise et prévoyante plonge dans la destinée incertaine qui tôt ou tard la brisera. Si récemment retirés de la vie terrible et belle dans laquelle ils allaient se retremper demain, leurs voiles étaient molles encore du vent qui les avait gonflées, leur beaupré s'inclinait obliquement sur l'eau comme hier encore leur démarche, et, de la proue à la poupe, la courbure de leur coque semblait garder la grâce mystérieuse et flexible de leur sillage.

LA FIN
DE LA JALOUSIE

I

> « Donne-nous les biens, soit que
> nous les demandions, soit que nous ne
> les demandions pas, et éloigne de
> nous les maux quand même nous te
> les demanderions. » – « Cette prière
> me paraît belle et sûre. Si tu y trouves
> quelque chose à reprendre, ne le
> cache pas. »
>
> PLATON

« Mon petit arbre, mon petit âne, ma mère, mon frère, mon pays, mon petit Dieu, mon petit étranger, mon petit lotus, mon petit coquillage, mon chéri, ma petite plante, va-t'en, laisse-moi m'habiller et je te retrouverai rue de la Baume à huit heures. Je t'en prie, n'arrive pas après huit heures et quart, parce que j'ai très faim. »

Elle voulut fermer la porte de sa chambre sur Honoré, mais il lui dit encore : « Cou ! » et elle tendit aussitôt son cou avec une docilité, un empressement exagérés qui le firent éclater de rire :

« Quand même tu ne voudrais pas, lui dit-il, il y a entre ton cou et ma bouche, entre tes oreilles et mes moustaches, entre tes mains et mes mains des petites amitiés particulières. Je suis sûr qu'elles ne finiraient pas si nous ne nous aimions plus, pas plus que, depuis que je suis brouillé avec ma cousine Paule, je ne peux empêcher mon valet de pied d'aller tous les soirs causer avec sa femme de chambre. C'est d'elle-même et sans mon assentiment que ma bouche va vers ton cou. »

Ils étaient maintenant à un pas l'un de l'autre. Tout à coup leurs regards s'aperçurent et chacun essaya de fixer dans les yeux de l'autre la pensée qu'ils s'aimaient; elle resta une seconde ainsi, debout, puis tomba sur une chaise en étouffant, comme si elle avait couru. Et ils se dirent presque en même temps avec une exaltation sérieuse, en prononçant fortement avec les lèvres, comme pour embrasser :

« Mon amour ! »

Elle répéta d'un ton maussade et triste, en secouant la tête :

« Oui, mon amour. »

Elle savait qu'il ne pouvait pas résister à ce petit mouvement de tête, il se jeta sur elle en l'embrassant et lui dit lentement : « Méchante ! » et si tendrement, que ses yeux à elle se mouillèrent.

Sept heures et demie sonnèrent. Il partit.

En rentrant chez lui, Honoré se répétait à lui-même : « Ma mère, mon frère, mon pays, – il s'arrêta, – oui, mon pays !... mon petit coquillage, mon petit arbre », et il ne put s'empêcher de rire en prononçant ces mots qu'ils s'étaient si vite faits à leur usage, ces petits mots qui peuvent sembler vides et qu'ils emplissaient d'un sens infini. Se confiant sans y penser au génie inventif et fécond de leur amour, ils s'étaient vu peu à peu doter par lui d'une langue à eux, comme pour un peuple, d'armes, de jeux et de lois.

Tout en s'habillant pour aller dîner, sa pensée était suspendue sans effort au moment où il allait la revoir comme un gymnaste touche déjà le trapèze encore éloigné vers lequel il vole, ou comme une phrase musicale semble atteindre l'accord qui la résoudra et la rapproche de lui, de toute la distance qui l'en sépare, par la force même du désir qui la promet et l'appelle. C'est ainsi qu'Honoré traversait rapidement la vie depuis un an, se hâtant dès le matin vers l'heure de l'après-midi où il la verrait. Et ses journées en réalité n'étaient pas composées de douze ou quatorze heures différentes, mais de quatre ou cinq demi-heures, de leur attente et de leur souvenir.

Honoré était arrivé depuis quelques minutes chez la princesse d'Alériouvre, quand Mme Seaune entra. Elle dit bonjour à la maîtresse de la maison et aux différents invités et parut moins dire bonsoir à Honoré que lui prendre la main comme elle aurait pu le faire au milieu d'une conversation. Si leur liaison eût été connue, on aurait pu croire qu'ils étaient venus ensemble, et qu'elle avait attendu quelques instants à la porte pour ne pas entrer en même temps que lui. Mais ils auraient pu ne pas se voir pendant deux jours (ce qui depuis un an ne leur était pas encore arrivé une fois) et ne pas éprouver cette joyeuse surprise de se retrouver qui est au fond de tout bonjour amical, car, ne pouvant rester cinq minutes sans penser l'un à l'autre, ils ne pouvaient jamais se rencontrer, ne se quittant jamais.

Pendant le dîner, chaque fois qu'ils se parlaient, leurs manières passaient en vivacité et en douceur celles d'une amie et d'un ami, mais étaient empreintes d'un respect majestueux et naturel que ne connaissent pas les amants. Ils apparaissaient ainsi semblables à ces dieux que la fable rapporte avoir habité sous des déguisements parmi les hommes, ou comme deux anges dont la familiarité fraternelle exalte la joie, mais ne diminue pas le respect que leur inspire la noblesse commune de leur origine et de leur sang mystérieux. En même temps qu'il éprouvait la puissance des iris et des roses qui régnaient languissamment sur la table, l'air se pénétrait peu à peu du parfum de cette tendresse qu'Honoré et Françoise exhalaient naturellement. À certains moments, il paraissait embaumer avec une violence plus délicieuse encore que son habituelle douceur, violence que la nature ne leur avait pas permis de modérer plus qu'à l'héliotrope au soleil, ou, sous la pluie, aux lilas en fleurs.

C'est ainsi que leur tendresse n'étant pas secrète était d'autant plus mystérieuse. Chacun pouvait en approcher comme de ces bracelets impénétrables et sans défense aux poignets d'une amoureuse, qui portent écrits en caractères inconnus et visibles le nom qui la fait vivre ou qui la fait mourir, et qui semblent en offrir sans cesse le sens aux yeux curieux et déçus qui ne peuvent pas le saisir.

« Combien de temps l'aimerai-je encore ? » se disait Honoré en se levant de table. Il se rappelait combien de passions qu'à leur naissance il avait crues immortelles avaient peu duré et la certitude que celle-ci finirait un jour assombrissait sa tendresse.

Alors il se rappela que, le matin même, pendant qu'il était à la messe, au moment où le prêtre lisant l'Évangile disait : « Jésus étendant la main leur dit : Cette créature-là est mon frère, elle est aussi ma mère et tous ceux de ma famille », il avait un instant tendu à Dieu toute son âme, en tremblant, mais bien haut, comme une palme, et avait prié : « Mon Dieu ! mon Dieu ! faites-moi la grâce de l'aimer toujours. Mon Dieu, c'est la seule grâce que je vous demande, faites, mon Dieu, qui le pouvez, que je l'aime toujours ! »

Maintenant, dans une de ces heures toutes physiques où l'âme s'efface en nous derrière l'estomac qui digère, la peau qui jouit d'une ablution récente et d'un linge fin, la bouche qui fume, l'œil qui se repaît d'épaules nues et de lumières, il répétait plus mollement sa prière, doutant d'un miracle qui viendrait déranger la loi psychologique de son inconstance aussi impossible à rompre que les lois physiques de la pesanteur ou de la mort.

Elle vit ses yeux préoccupés, se leva, et, passant près de lui qui ne l'avait pas vue, comme ils étaient assez loin des autres, elle lui dit avec ce ton traînard, pleurard, ce ton de petit enfant qui le faisait toujours rire, et comme s'il venait de lui parler :

« Quoi ? »

Il se mit à rire et lui dit :

« Ne dis pas un mot de plus, ou je t'embrasse, tu entends, je t'embrasse devant tout le monde ! »

Elle rit d'abord, puis reprenant son petit air triste et mécontent pour l'amuser, elle dit :

« Oui, oui, c'est très bien, tu ne pensais pas du tout à moi ! »

Et lui, la regardant en riant, répondit :

« Comme tu sais très bien mentir ! » et, avec douceur, il ajouta : « Méchante ! méchante ! »

Elle le quitta et alla causer avec les autres. Honoré songeait : « Je tâcherai, quand je sentirai mon cœur se détacher d'elle, de le retenir si doucement, qu'elle ne le sentira même pas. Je serai toujours aussi tendre, aussi respectueux. Je lui cacherai le nouvel amour qui aura remplacé dans mon cœur mon amour pour elle aussi soigneusement que je lui cache aujourd'hui les plaisirs que, seul, mon corps goûte çà et là en dehors d'elle. » (Il jeta les yeux du côté de la princesse d'Alériouvre.) Et de son côté, il la laisserait peu à peu fixer sa vie ailleurs, par d'autres attachements. Il ne serait pas jaloux, désignerait lui-même ceux qui lui paraîtraient pouvoir lui offrir un hommage plus décent ou plus glorieux. Plus il imaginait en Françoise une autre femme qu'il n'aimerait pas, mais dont il goûterait savamment tous les charmes spirituels, plus le partage lui paraissait noble et facile. Les mots d'amitié tolérante et douce, de belle charité à faire aux plus dignes avec ce qu'on possède de meilleur, venaient affluer mollement à ses lèvres détendues.

À cet instant, Françoise ayant vu qu'il était dix heures, dit bonsoir et partit. Honoré l'accompagna jusqu'à sa voiture, l'embrassa imprudemment dans la nuit et rentra.

Trois heures plus tard, Honoré rentrait à pied avec M. de Buivres, dont on avait fêté ce soir-là le retour du Tonkin. Honoré l'interrogeait sur la princesse d'Alériouvre qui, restée veuve à peu près à la même époque, était bien plus belle que Françoise. Honoré, sans en être amoureux, aurait eu grand plaisir à la posséder s'il avait été certain de le pouvoir sans que Françoise le sût et en éprouvât du chagrin.

« On ne sait trop rien sur elle, dit M. de Buivres, ou du moins on ne savait trop rien quand je suis parti, car depuis que je suis revenu, je n'ai revu personne.

– En somme, il n'y avait rien de très facile ce soir, conclut Honoré.

– Non, pas grand-chose », répondit M. de Buivres ; et comme Honoré était arrivé à sa porte, la conversation allait se terminer là, quand M. de Buivres ajouta :

« Excepté Mme Seaune à qui vous avez dû être présenté, puisque vous étiez du dîner. Si vous en avez envie, c'est très facile. Mais à moi, elle ne me dirait pas ça !

– Mais je n'ai jamais entendu dire ce que vous dites, dit Honoré.

– Vous êtes jeune, répondit Buivres, et tenez, il y avait ce soir quelqu'un qui se l'est fortement payée, je crois que c'est incontestable, c'est ce petit François de Gouvres. Il dit qu'elle a un tempérament ! Mais il paraît qu'elle n'est pas bien faite. Il n'a pas voulu continuer. Je parie que pas plus tard qu'en ce moment elle fait la noce quelque part. Avez-vous remarqué comme elle quitte toujours le monde de bonne heure ?

– Elle habite pourtant, depuis qu'elle est veuve, dans la même maison que son frère, et elle ne se risquerait pas à ce que le concierge raconte qu'elle rentre dans la nuit.

– Mais, mon petit, de dix heures à une heure du matin on a le temps de faire bien des choses ! Et puis est-ce qu'on sait ? Mais une heure, il les est bientôt, il faut vous laisser vous coucher. »

Il tira lui-même la sonnette ; au bout d'un instant, la porte s'ouvrit ; Buivres tendit la main à Honoré, qui lui dit adieu machinalement, entra, se sentit en même temps pris du besoin fou de ressortir, mais la porte s'était lourdement refermée sur lui, et excepté son bougeoir qui l'attendait en brûlant avec impatience au pied de l'escalier, il n'y avait plus aucune lumière. Il n'osa pas réveiller le concierge pour se faire ouvrir et monta chez lui.

II

> « Nos actes sont nos bons et nos mauvais anges, les ombres fatales qui marchent à nos côtés. »
> BEAUMONT ET FLETCHER

La vie avait bien changé pour Honoré depuis le jour où M. de Buivres lui avait tenu, entre tant d'autres, des propos – semblables à ceux qu'Honoré lui-même avait écoutés ou prononcés tant de fois avec indifférence, – mais qu'il ne cessait plus le jour quand il était seul, et toute la nuit, d'entendre. Il avait tout de suite posé quelques questions à Françoise, qui l'aimait trop et souffrait trop de son chagrin pour songer à s'offenser ; elle lui avait juré qu'elle ne l'avait jamais trompé et qu'elle ne le tromperait jamais.

Quand il était près d'elle, quand il tenait ses petites mains à qui il disait, répétant les vers de Verlaine :

Belles petites mains qui fermerez mes yeux,

quand il l'entendait lui dire : « Mon frère, mon pays, mon bien-aimé », et que sa voix se prolongeait indéfiniment dans son cœur avec la douceur natale des cloches, il la croyait ; et s'il ne se sentait plus heureux comme

autrefois, au moins il ne lui semblait pas impossible que
son cœur convalescent retrouvât un jour le bonheur.
Mais quand il était loin de Françoise, quelquefois aussi
quand, étant près d'elle, il voyait ses yeux briller de feux
qu'il s'imaginait aussitôt allumés autrefois, – qui sait,
peut-être hier comme ils le seraient demain, – allumés
par un autre ; quand, venant de céder au désir tout physique d'une autre femme, et se rappelant combien de
fois il y avait cédé et avait pu mentir à Françoise sans
cesser de l'aimer, il ne trouvait plus absurde de supposer
qu'elle aussi lui mentait, qu'il n'était même pas nécessaire pour lui mentir de ne pas l'aimer, et qu'avant de le
connaître elle s'était jetée sur d'autres avec cette ardeur
qui le brûlait maintenant, – et lui paraissait plus terrible
que l'ardeur qu'il lui inspirait, à elle, ne lui paraissait
douce, parce qu'il la voyait avec l'imagination qui grandit tout.

Alors, il essaya de lui dire qu'il l'avait trompée ; il
l'essaya non par vengeance ou besoin de la faire souffrir comme lui, mais pour qu'en retour elle lui dît aussi
la vérité, surtout pour ne plus sentir le mensonge habiter
en lui, pour expier les fautes de sa sensualité, puisque,
pour créer un objet à sa jalousie, il lui semblait par
moments que c'était son propre mensonge et sa propre
sensualité qu'il projetait en Françoise.

C'était un soir, en se promenant avenue des Champs-
Élysées, qu'il essaya de lui dire qu'il l'avait trompée. Il
fut effrayé en la voyant pâlir, tomber sans forces sur un
banc, mais bien plus quand elle repoussa sans colère,
mais avec douceur, dans un abattement sincère et
désolé, la main qu'il approchait d'elle. Pendant deux
jours, il crut qu'il l'avait perdue ou plutôt qu'il l'avait

retrouvée. Mais cette preuve involontaire, éclatante et triste qu'elle venait de lui donner de son amour, ne suffisait pas à Honoré. Eût-il acquis la certitude impossible qu'elle n'avait jamais été qu'à lui, la souffrance inconnue que son cœur avait apprise le soir où M. de Buivres l'avait reconduit jusqu'à sa porte, non pas une souffrance pareille, ou le souvenir de cette souffrance, mais cette souffrance même n'aurait pas cessé de lui faire mal quand même on lui eût démontré qu'elle était sans raison. Ainsi nous tremblons encore à notre réveil au souvenir de l'assassin que nous avons déjà reconnu pour l'illusion d'un rêve ; ainsi les amputés souffrent toute leur vie dans la jambe qu'ils n'ont plus.

En vain, le jour il avait marché, s'était fatigué à cheval, en bicyclette, aux armes, en vain il avait rencontré Françoise, l'avait ramenée chez elle, et, le soir, avait recueilli dans ses mains, à son front, sur ses yeux, la confiance, la paix, une douceur de miel, pour revenir chez lui encore calmé et riche de l'odorante provision, à peine était-il rentré qu'il commençait à s'inquiéter, se mettait vite dans son lit pour s'endormir avant que fût altéré son bonheur qui, couché avec précaution dans tout le baume de cette tendresse récente et fraîche encore d'à peine une heure, parviendrait à travers la nuit, jusqu'au lendemain, intact et glorieux comme un prince d'Égypte ; mais il sentait que les paroles de Buivres, ou telle des innombrables images qu'il s'était formées depuis, allait apparaître à sa pensée et qu'alors ce serait fini de dormir. Elle n'était pas encore apparue, cette image, mais il la sentait là toute prête et se raidissant contre elle, il rallumait sa bougie, lisait, s'efforçait, avec le sens des phrases qu'il lisait, d'emplir sans trêve et sans y laisser de vide son cerveau pour que l'affreuse image n'ait pas un moment ou un rien de place pour s'y glisser.

Mais tout à coup, il la trouvait là qui était entrée, et il ne pouvait plus la faire sortir maintenant ; la porte de son attention qu'il maintenait de toutes ses forces à s'épuiser avait été ouverte par surprise ; elle s'était refermée, et il allait passer toute la nuit avec cette horrible compagne. Alors c'était sûr, c'était fini, cette nuit-ci comme les autres il ne pourrait pas dormir une minute ; eh bien, il allait à la bouteille de bromidia, en buvait trois cuillerées, et certain maintenant qu'il allait dormir, effrayé même de penser qu'il ne pourrait plus faire autrement que de dormir, quoi qu'il advînt, il se remettait à penser à Françoise avec effroi, avec désespoir, avec haine. Il voulait, profitant de ce qu'on ignorait sa liaison avec elle, faire des paris sur sa vertu avec des hommes, les lancer sur elle, voir si elle céderait, tâcher de découvrir quelque chose, de savoir tout, se cacher dans une chambre (il se rappelait l'avoir fait pour s'amuser étant plus jeune) et tout voir. Il ne broncherait pas d'abord pour les autres, puisqu'il l'aurait demandé avec l'air de plaisanter, – sans cela quel scandale ! quelle colère ! – mais surtout à cause d'elle, pour voir si le lendemain quand il lui demanderait : « Tu ne m'as jamais trompé ? » elle lui répondrait : « Jamais », avec ce même air aimant. Peut-être elle avouerait tout, et de fait n'aurait succombé que sous ses artifices. Et alors ç'aurait été l'opération salutaire après laquelle son amour serait guéri de la maladie qui le tuait, lui, comme la maladie d'un parasite tue l'arbre (il n'avait qu'à se regarder dans la glace éclairée faiblement par sa bougie nocturne pour en être sûr). Mais, non, car l'image reviendrait toujours, combien plus forte que celles de son imagination et avec quelle puissance d'assènement incalculable sur sa pauvre tête, il n'essayait même pas de le concevoir.

Alors, tout à coup, il songeait à elle, à sa douceur, à sa tendresse, à sa pureté et voulait pleurer de l'outrage qu'une seconde il avait songé à lui faire subir. Rien que l'idée de proposer cela à des camarades de fête !

Bientôt il sentait le frisson général, la défaillance qui précède de quelques minutes le sommeil par le bromidia. Tout d'un coup n'apercevant rien, aucun rêve, aucune sensation, entre sa dernière pensée et celle-ci, il se disait : « Comment, je n'ai pas encore dormi ? » Mais en voyant qu'il faisait grand jour, il comprenait que pendant plus de six heures, le sommeil du bromidia l'avait possédé sans qu'il le goûtât.

Il attendait que ses élancements à la tête fussent un peu calmés, puis se levait et essayait en vain par l'eau froide et la marche de ramener quelques couleurs, pour que Françoise ne le trouvât pas trop laid, sur sa figure pâle, sous ses yeux tirés. En sortant de chez lui, il allait à l'église, et là, courbé et las, de toutes les dernières forces désespérées de son corps fléchi qui voulait se relever et rajeunir, de son cœur malade et vieillissant qui voulait guérir, de son esprit, sans trêve harcelé et haletant et qui voulait la paix, il priait Dieu, Dieu à qui, il y a deux mois à peine, il demandait de lui faire la grâce d'aimer toujours Françoise, il priait Dieu maintenant avec la même force, toujours avec la force de cet amour qui jadis, sûr de mourir, demandait à vivre, et qui maintenant, effrayé de vivre, implorait de mourir, le priait de lui faire la grâce de ne plus aimer Françoise, de ne plus l'aimer trop longtemps, de ne pas l'aimer toujours, de faire qu'il puisse enfin l'imaginer dans les bras d'un autre sans souffrir, puisqu'il ne pouvait plus se l'imaginer que dans les bras d'un autre. Et peut-être il ne se l'imaginerait plus ainsi quand il pourrait l'imaginer sans souffrance.

Alors il se rappelait combien il avait craint de ne pas l'aimer toujours, combien il gravait alors dans son souvenir pour que rien ne pût les effacer, ses joues toujours tendues à ses lèvres, son front, ses petites mains, ses yeux graves, ses traits adorés. Et soudain, les apercevant réveillés de leur calme si doux par le désir d'un autre, il voulait n'y plus penser et ne revoyait que plus obstinément ses joues tendues, son front, ses petites mains – oh ! ses petites mains, elles aussi ! – ses yeux graves, ses traits détestés.

À partir de ce jour, s'effrayant d'abord lui-même d'entrer dans une telle voie, il ne quitta plus Françoise, épiant sa vie, l'accompagnant dans ses visites, la suivant dans ses courses, attendant une heure à la porte des magasins. S'il avait pu penser qu'il l'empêchait ainsi matériellement de le tromper, il y aurait sans doute renoncé, craignant qu'elle ne le prît en horreur ; mais elle le laissait faire avec tant de joie de le sentir toujours près d'elle, que cette joie le gagna peu à peu, et lentement le remplissait d'une confiance, d'une certitude qu'aucune preuve matérielle n'aurait pu lui donner, comme ces hallucinés que l'on parvient quelquefois à guérir en leur faisant toucher de la main le fauteuil, la personne vivante qui occupent la place où ils croyaient voir un fantôme et en faisant ainsi chasser le fantôme du monde réel par la réalité même qui ne lui laisse plus de place.

Honoré s'efforçait ainsi, en éclairant et en remplissant dans son esprit d'occupations certaines toutes les journées de Françoise, de supprimer ces vides et ces ombres où venaient s'embusquer les mauvais esprits de la jalousie et du doute qui l'assaillaient tous les soirs. Il recommença à dormir, ses souffrances étaient plus rares, plus courtes, et si alors il l'appelait, quelques instants de sa présence le calmaient pour toute une nuit.

III

> « Nous devons nous confier à l'âme jusqu'à la fin ; car des choses aussi belles et aussi magnétiques que les relations de l'amour ne peuvent être supplantées et remplacées que par des choses plus belles et d'un degré plus élevé. »
>
> EMERSON

Le salon de Mme Seaune, née princesse de Galaise-Orlandes, dont nous avons parlé dans la première partie de ce récit sous son prénom de Françoise, est encore aujourd'hui un des salons les plus recherchés de Paris. Dans une société où un titre de duchesse l'aurait confondue avec tant d'autres, son nom bourgeois se distingue comme une mouche dans un visage, et en échange du titre perdu par son mariage avec M. Seaune, elle a acquis ce prestige d'avoir volontairement renoncé à une gloire qui élève si haut, pour une imagination bien née, les paons blancs, les cygnes noirs, les violettes blanches et les reines en captivité.

Mme Seaune a beaucoup reçu cette année et l'année dernière, mais son salon a été fermé pendant les trois années précédentes, c'est-à-dire celles qui ont suivi la mort d'Honoré de Tenvres.

Les amis d'Honoré qui se réjouissaient de le voir peu à peu retrouver sa belle mine et sa gaieté d'autrefois, le rencontraient maintenant à toute heure avec Mme Seaune et attribuaient son relèvement à cette liaison qu'ils croyaient toute récente.

C'est deux mois à peine après le rétablissement complet d'Honoré que survint l'accident de l'avenue du Bois-de-Boulogne, dans lequel il eut les deux jambes cassées sous un cheval emporté.

L'accident eut lieu le premier mardi de mai ; la péritonite se déclara le dimanche. Honoré reçut les sacrements le lundi et fut emporté ce même lundi à six heures du soir. Mais du mardi, jour de l'accident, au dimanche soir, il fut le seul à croire qu'il était perdu.

Le mardi, vers six heures, après les premiers pansements faits, il demanda à rester seul, mais qu'on lui montât les cartes des personnes qui étaient déjà venues savoir de ses nouvelles.

Le matin même, il y avait au plus huit heures de cela, il avait descendu à pied l'avenue du Bois-de-Boulogne. Il avait respiré tour à tour et exhalé dans l'air mêlé de brise et de soleil, il avait reconnu au fond des yeux des femmes qui suivaient avec admiration sa beauté rapide, un instant perdu au détour même de sa capricieuse gaieté, puis rattrapé sans effort et dépassé bien vite entre les chevaux au galop et fumants, goûté dans la fraîcheur de sa bouche affamée et arrosée par l'air doux, la même joie profonde qui embellissait ce matin-là la vie, du soleil, de l'ombre, du ciel, des pierres, du vent d'est et des arbres, des arbres aussi majestueux que des hommes debout, aussi reposés que des femmes endormies dans leur étincelante immobilité.

À un moment, il avait regardé l'heure, était revenu sur ses pas et alors… alors cela était arrivé. En une seconde, le cheval qu'il n'avait pas vu lui avait cassé les deux jambes. Cette seconde-là ne lui apparaissait pas du tout comme ayant dû être nécessairement telle. À cette même seconde il aurait pu être un peu plus loin, ou un peu moins loin, ou le cheval aurait pu être détourné, ou, s'il y avait eu de la pluie, il serait rentré plus tôt chez lui, ou, s'il n'avait pas regardé l'heure, il ne serait pas revenu sur ses pas et aurait poursuivi jusqu'à la cascade. Mais pourtant cela qui aurait si bien pu ne pas être qu'il pouvait feindre un instant que cela n'était qu'un rêve, cela était une chose réelle, cela faisait maintenant partie de sa vie, sans que toute sa volonté y pût rien changer. Il avait les deux jambes cassées et le ventre meurtri. Oh ! l'accident en lui-même n'était pas si extraordinaire ; il se rappelait qu'il n'y avait pas huit jours, pendant un dîner chez le docteur S…, on avait parlé de C…, qui avait été blessé de la même manière par un cheval emporté. Le docteur, comme on demandait de ses nouvelles, avait dit : « Son affaire est mauvaise. » Honoré avait insisté, questionné sur la blessure, et le docteur avait répondu d'un air important, pédantesque et mélancolique : « Mais ce n'est pas seulement la blessure ; c'est tout un ensemble ; ses fils lui donnent de l'ennui ; il n'a plus la situation qu'il avait autrefois ; les attaques des journaux lui ont porté un coup. Je voudrais me tromper, mais il est dans un fichu état. » Cela dit, comme le docteur se sentait au contraire, lui, dans un excellent état, mieux portant, plus intelligent et plus considéré que jamais, comme Honoré savait que Françoise l'aimait de plus en plus, que le monde avait accepté leur liaison et s'inclinait non moins devant leur bonheur que devant la grandeur du caractère de Françoise ; comme enfin, la femme du docteur S..., émue en se représentant la fin misérable et l'abandon de C..., défendait par hygiène à elle-même et à ses enfants aussi bien de penser à des événements tristes que d'assister à des enterrements, chacun répéta une dernière fois : « Ce pauvre C..., son affaire est mauvaise » en avalant une dernière coupe de vin de Champagne, et en sentant au plaisir qu'il éprouvait à la boire que « leur affaire » à eux était excellente.

Mais ce n'était plus du tout la même chose. Honoré maintenant se sentant submergé par la pensée de son malheur, comme il l'avait souvent été par la pensée du malheur des autres, ne pouvait plus comme alors reprendre pied en lui-même. Il sentait se dérober sous ses pas ce sol de la bonne santé sur lequel croissent nos plus hautes résolutions et nos joies les plus gracieuses, comme ont leurs racines dans la terre noire et mouillée les chênes et les violettes ; et il butait à chaque pas en lui-même. En parlant de C... à ce dîner auquel il repensait, le docteur avait dit : « Déjà avant l'accident et depuis les attaques des journaux, j'avais rencontré C..., je lui avais trouvé la mine jaune, les yeux creux, une sale tête ! » Et le docteur avait passé sa main d'une adresse et d'une beauté célèbres sur sa figure rose et pleine, au long de sa barbe fine et bien soignée et chacun avait imaginé avec plaisir sa propre bonne mine comme un propriétaire s'arrête à regarder avec satisfaction son locataire, jeune encore, paisible et riche. Maintenant Honoré se regardant dans la glace était effrayé de « sa mine jaune », de sa « sale tête ». Et aussitôt la pensée que le docteur dirait pour lui les mêmes mots que pour C…, avec la même indifférence, l'effraya. Ceux mêmes qui viendraient à lui pleins de pitié s'en détourneraient assez vite comme d'un objet dangereux pour eux ; ils finiraient par obéir aux protestations de leur bonne santé, de leur désir d'être heureux et de vivre. Alors sa pensée se reporta sur Françoise, et, courbant les épaules, baissant la tête malgré soi, comme si le commandement de Dieu avait été là, levé sur lui, il comprit avec une tristesse infinie et soumise qu'il fallait renoncer à elle. Il eut la sensation de l'humilité de son corps incliné dans sa faiblesse d'enfant, avec sa résignation de malade, sous ce chagrin immense, et il eut pitié de lui comme souvent, à toute la distance de sa vie entière, il s'était aperçu avec attendrissement tout petit enfant, et il eut envie de pleurer.

Il entendit frapper à la porte. On apportait les cartes qu'il avait demandées. Il savait bien qu'on viendrait chercher de ses nouvelles, car il n'ignorait pas que son accident était grave, mais tout de même, il n'avait pas cru qu'il y aurait tant de cartes, et il fut effrayé de voir que tant de gens étaient venus, qui le connaissaient si peu et ne se seraient dérangés que pour son mariage ou son enterrement. C'était un monceau de cartes et le concierge le portait avec précaution pour qu'il ne tombât pas du grand plateau, d'où elles débordaient. Mais tout d'un coup, quand il les eut toutes près de lui, ces cartes, le monceau lui apparut une toute petite chose, ridiculement petite vraiment, bien plus petite que la chaise ou la cheminée. Et il fut plus effrayé encore que ce fût si peu, et se sentit si seul, que pour se distraire il se mit fiévreusement à lire les noms ; une carte, deux cartes, trois cartes, ah ! il tressaillit et de nouveau regarda : « Comte François de Gouvres ». Il devait bien pourtant s'attendre à ce que M. de Gouvres vînt prendre de ses nouvelles, mais il y avait longtemps qu'il n'avait pensé à lui, et tout de suite la phrase de Buivres : « *Il y avait ce soir quelqu'un qui a dû rudement se la payer, c'est François de Gouvres ; – il dit qu'elle a un tempérament ! mais il paraît qu'elle est affreusement faite, et il n'a pas voulu continuer* », lui revint, et sentant toute la souffrance ancienne qui du fond de sa conscience remontait en un instant à la surface, il se dit : « Maintenant je me réjouis si je suis perdu. Ne pas mourir, rester cloué là, et, pendant des années, tout le temps qu'elle ne sera pas auprès de moi, une partie du jour, toute la nuit, la voir chez un autre ! Et maintenant ce ne serait plus par maladie que je la verrais ainsi, ce serait sûr. Comment pourrait-elle m'aimer encore ? un amputé ! » Tout d'un coup il s'arrêta. « Et si je meurs, après moi ? »

Elle avait trente ans, il franchit d'un saut le temps plus ou moins long où elle se souviendrait, lui serait fidèle. Mais il viendrait un moment… « Il dit *qu'elle a un tempérament…* » Je veux vivre, je veux vivre et je veux marcher, je veux la suivre partout, je veux être beau, je veux qu'elle m'aime ! »

À ce moment, il eut peur en entendant sa respiration qui sifflait, il avait mal au côté, sa poitrine semblait s'être rapprochée de son dos, il ne respirait pas comme il voulait, il essayait de reprendre haleine et ne pouvait pas. À chaque seconde il se sentait respirer et ne pas respirer assez. Le médecin vint. Honoré n'avait qu'une légère attaque d'asthme nerveux. Le médecin parti, il fut plus triste ; il aurait préféré que ce fût plus grave et être plaint. Car il sentait bien que si cela n'était pas grave, autre chose l'était et qu'il s'en allait. Maintenant il se rappelait toutes les souffrances physiques de sa vie, il se désolait ; jamais ceux qui l'aimaient le plus ne l'avaient plaint sous prétexte qu'il était nerveux. Dans les mois terribles qu'il avait passés après son retour avec Buivres, quand à sept heures il s'habillait après avoir marché toute la nuit, son frère qui se réveillait un quart d'heure les nuits qui suivent des dîners trop copieux lui disait :

« Tu t'écoutes trop ; moi aussi, il y a des nuits où je ne dors pas. Et puis, on croit qu'on ne dort pas, on dort toujours un peu. »

C'est vrai qu'il s'écoutait trop ; au fond de sa vie, il écoutait toujours la mort qui jamais ne l'avait laissé tout à fait et qui, sans détruire entièrement sa vie, la minait, tantôt ici, tantôt là. Maintenant son asthme augmentait, il ne pouvait pas reprendre haleine, toute sa poitrine faisait un effort douloureux pour respirer. Et il sentait le voile qui nous cache la vie, la mort qui est en nous, s'écarter et il apercevait l'effrayante chose que c'est de respirer, de vivre.

Puis, il se trouva reporté au moment où elle serait consolée, et alors, qui ce serait-il ? Et sa jalousie s'affola de l'incertitude de l'événement et de sa nécessité. Il aurait pu l'empêcher en vivant, il ne pouvait pas vivre et alors ? Elle dirait qu'elle entrerait au couvent, puis quand il serait mort se raviserait. Non ! il aimait mieux ne pas être deux fois trompé, savoir. – Qui ? – Gouvres, Alériouvre, Buivres, Breyves ? Il les aperçut tous et, en serrant ses dents contre ses dents, il sentit la révolte furieuse qui devait à ce moment indigner sa figure. Il se calma lui-même. Non, ce ne sera pas cela, pas un homme de plaisir, il faut que cela soit un homme qui l'aime vraiment. Pourquoi est-ce que je ne veux pas que ce soit un homme de plaisir ? Je suis fou de me le demander, c'est si naturel. Parce que je l'aime pour elle-même, que je veux qu'elle soit heureuse. – Non, ce n'est pas cela, c'est que je ne veux pas qu'on excite ses sens, qu'on lui donne plus de plaisir que je ne lui en ai donné, qu'on lui en donne du tout. Je veux bien qu'on lui donne du bonheur, je veux bien qu'on lui donne de l'amour, mais je ne veux pas qu'on lui donne du plaisir. Je suis jaloux du plaisir de l'autre, de son plaisir à elle. Je ne serai pas jaloux de leur amour. Il faut qu'elle se marie, qu'elle choisisse bien… Ce sera triste tout de même.

Alors un de ses désirs de petit enfant lui revint, du petit enfant qu'il était quand il avait sept ans et se couchait tous les soirs à huit heures. Quand sa mère, au lieu de rester jusqu'à minuit dans sa chambre qui était à côté de celle d'Honoré, puis de s'y coucher, devait sortir vers onze heures et jusque-là s'habiller, il la suppliait de s'habiller avant dîner et de partir n'importe où, ne pouvant supporter l'idée, pendant qu'il essayait de s'endormir, qu'on se préparait dans la maison pour une soirée, pour partir. Et pour lui faire plaisir et le calmer, sa mère tout habillée et décolletée à huit heures venait lui dire bonsoir, et partait chez une amie attendre l'heure du bal. Ainsi seulement, dans ces jours si tristes pour lui où sa mère allait au bal, il pouvait, chagrin, mais tranquille, s'endormir.

Maintenant la même prière qu'il faisait à sa mère, la même prière à Françoise lui montait aux lèvres. Il aurait voulu lui demander de se marier tout de suite, qu'elle fût prête, pour qu'il pût enfin s'endormir pour toujours, désolé, mais calme, et point inquiet de ce qui se passerait après qu'il se serait endormi.

Les jours qui suivirent, il essaya de parler à Françoise qui, comme le médecin lui-même, ne le croyait pas perdu et repoussa avec une énergie douce mais inflexible la proposition d'Honoré.

Ils avaient tellement l'habitude de se dire la vérité, que chacun disait même la vérité qui pouvait faire de la peine à l'autre, comme si tout au fond de chacun d'eux, de leur être nerveux et sensible dont il fallait ménager les susceptibilités, ils avaient senti la présence d'un Dieu, supérieur et indifférent à toutes ces précautions bonnes pour des enfants, et qui exigeait et devait la vérité. Et envers ce Dieu qui était au fond de Françoise, Honoré, et envers ce Dieu qui était au fond d'Honoré, Françoise, s'étaient toujours senti des devoirs devant qui cédaient le désir de ne pas se chagriner, de ne pas s'offenser, les mensonges les plus sincères de la tendresse et de la pitié.

Aussi quand Françoise dit à Honoré qu'il vivrait, il sentit bien qu'elle le croyait et se persuada peu à peu de le croire :

« Si je dois mourir, je ne serai plus jaloux quand je serai mort ; mais jusqu'à ce que je sois mort ? Tant que mon corps vivra, oui ! Mais puisque je ne suis jaloux que du plaisir, puisque c'est mon corps qui est jaloux, puisque ce dont je suis jaloux, ce n'est pas de son cœur, ce n'est pas de son bonheur, que je veux, par qui sera le plus capable de le faire ; quand mon corps s'effacera, quand l'âme l'emportera sur lui, quand je serai détaché peu à peu des choses matérielles comme un soir déjà quand j'ai été très malade, alors que je ne désirerai plus follement le corps et que j'aimerai d'autant plus l'âme, je ne serai plus jaloux. Alors véritablement j'aimerai. Je ne peux pas bien concevoir ce que ce sera, maintenant que mon corps est encore tout vivant et révolté, mais je peux l'imaginer un peu, par ces heures où ma main dans la main de Françoise, je trouvais dans une tendresse infinie et sans désirs l'apaisement de mes souffrances et de ma jalousie. J'aurai bien du chagrin en la quittant, mais de ce chagrin qui autrefois me rapprochait encore de moi-même, qu'un ange venait consoler en moi, ce chagrin qui m'a révélé l'ami mystérieux des jours de malheur, mon âme, ce chagrin calme, grâce auquel je me sentirai plus beau pour paraître devant Dieu, et non la maladie horrible qui m'a fait mal pendant si longtemps sans élever mon cœur, comme un mal physique qui lancine, qui dégrade et qui diminue. C'est avec mon corps, avec le désir de son corps que j'en serai délivré. – Oui, mais jusque-là, que deviendrai-je ? plus faible, plus incapable d'y résister que jamais, abattu sur mes deux jambes cassées, quand, voulant courir à elle pour voir qu'elle n'est pas où j'aurai rêvé, je resterai là, sans pouvoir bouger, berné par tous ceux qui pourront « *se la payer* » tant qu'ils voudront à ma face d'infirme qu'ils ne craindront plus. »

La nuit du dimanche au lundi, il rêva qu'il étouffait, sentait un poids énorme sur sa poitrine. Il demandait grâce, n'avait plus la force de déplacer tout ce poids, le sentiment que tout cela était ainsi sur lui depuis très longtemps lui était inexplicable, il ne pouvait pas le tolérer une seconde de plus, il suffoquait. Tout d'un coup, il se sentit miraculeusement allégé de tout ce fardeau qui s'éloignait, s'éloignait, l'ayant à jamais délivré. Et il se dit : « Je suis mort ! »

Et, au-dessus de lui, il apercevait monter tout ce qui avait si longtemps pesé ainsi sur lui à l'étouffer ; il crut d'abord que c'était l'image de Gouvres, puis seulement ses soupçons, puis ses désirs, puis cette attente d'autre-fois dès le matin, criant vers le moment où il verrait Françoise, puis la pensée de Françoise. Cela prenait à toute minute une autre forme, comme un nuage, cela grandissait, grandissait sans cesse, et maintenant il ne s'expliquait plus comment cette chose qu'il comprenait être immense comme le monde avait pu être sur lui, sur son petit corps d'homme faible, sur son pauvre cœur d'homme sans énergie et comment il n'en avait pas été écrasé. Et il comprit aussi qu'il en avait été écrasé et que c'était une vie d'écrasé qu'il avait menée. Et cette immense chose qui avait pesé sur sa poitrine de toute la force du monde, il comprit que c'était son amour.

Puis il se redit : « Vie d'écrasé ! » et il se rappela qu'au moment où le cheval l'avait renversé, il s'était dit : « Je vais être écrasé », il se rappela sa promenade, qu'il devait ce matin-là aller déjeuner avec Françoise, et alors, par ce détour, la pensée de son amour lui revint. Et il se dit : « Est-ce mon amour qui pesait sur moi ? Qu'est-ce que ce serait si ce n'était mon amour ? Mon caractère, peut-être ? Moi ? ou encore la vie ? » Puis il pensa : « Non, quand je mourrai, je ne serai pas délivré de mon amour, mais de mes désirs charnels, de mon envie charnelle, de ma jalousie. » Alors il dit : « Mon

Dieu, faites venir cette heure, faites-la venir vite, mon Dieu, que je connaisse le parfait amour. »

Le dimanche soir, la péritonite s'était déclarée; le lundi matin vers dix heures, il fut pris de fièvre, voulait Françoise, l'appelait, les yeux ardents : « Je veux que tes yeux brillent aussi, je veux te faire plaisir comme je ne t'ai jamais fait… je veux te faire… je t'en ferai mal. » Puis soudain, il pâlissait de fureur. « Je vois bien pourquoi tu ne veux pas, je sais bien ce que tu t'es fait faire ce matin, et où et par qui, et je sais qu'il voulait me faire chercher, me mettre derrière la porte pour que je vous voie, sans pouvoir me jeter sur vous, puisque je n'ai plus mes jambes, sans pouvoir vous empêcher, parce que vous auriez eu encore plus de plaisir en me voyant là pendant; il sait si bien tout ce qu'il faut pour te faire plaisir, mais je le tuerai avant, avant je te tuerai, et encore avant je me tuerai. Vois ! je me suis tué ! » Et il retombait sans force sur l'oreiller.

Il se calma peu à peu et toujours cherchant avec qui elle pourrait se marier après sa mort, mais c'étaient toujours les images qu'il écartait, celle de François de Gouvres, celle de Buivres, celles qui le torturaient, qui revenaient toujours.

À midi, il avait reçu les sacrements. Le médecin avait dit qu'il ne passerait pas l'après-midi. Il perdait extrêmement vite ses forces, ne pouvait plus absorber de nourriture, n'entendait presque plus. Sa tête restait libre et sans rien dire, pour ne pas faire de peine à Françoise qu'il voyait accablée, il pensait à elle après qu'il ne serait plus rien, qu'il ne saurait plus rien d'elle, qu'elle ne pourrait plus l'aimer.

Les noms qu'il avait dits machinalement, le matin encore, de ceux qui la posséderaient peut-être, se remirent à défiler dans sa tête pendant que ses yeux suivaient une mouche qui s'approchait de son doigt comme si elle voulait le toucher, puis s'envolait et revenait sans le toucher pourtant ; et comme, ranimant son attention un moment endormie, revenait le nom de François de Gouvres, et il se dit qu'en effet peut-être il la posséderait et en même temps il pensait : « Peut-être la mouche va-t-elle toucher le drap ? non, pas encore », alors se tirant brusquement de sa rêverie : « Comment ? l'une des deux choses ne me paraît pas plus importante que l'autre ! Gouvres possédera-t-il Françoise, la mouche touchera-t-elle le drap ? oh ! la possession de Françoise est un peu plus importante. » Mais l'exactitude avec laquelle il voyait la différence qui séparait ces deux événements lui montra qu'ils ne le touchaient pas beaucoup plus l'un que l'autre. Et il se dit : « Comment, cela m'est si égal ! Comme c'est triste. » Puis il s'aperçut qu'il ne disait : « comme c'est triste » que par habitude et qu'ayant changé tout à fait, il n'était plus triste d'avoir changé. Un vague sourire desserra ses lèvres. « Voilà, se dit-il, mon pur amour pour Françoise. Je ne suis plus jaloux, c'est que je suis bien près de la mort ; mais qu'importe, puisque cela était nécessaire pour que j'éprouve enfin pour Françoise le véritable amour. »

Mais alors, levant les yeux, il aperçut Françoise, au milieu des domestiques, du docteur, de deux vieilles parentes, qui tous priaient là près de lui. Et il s'aperçut que l'amour, pur de tout égoïsme, de toute sensualité, qu'il voulait si doux, si vaste et si divin en lui, chérissait les vieilles parentes, les domestiques, le médecin lui-même, autant que Françoise, et qu'ayant déjà pour elle l'amour de toutes les créatures à qui son âme semblable à la leur l'unissait maintenant, il n'avait plus d'autre amour pour elle. Il ne pouvait même pas en concevoir de la peine tant tout amour exclusif d'elle, l'idée même d'une préférence pour elle, était maintenant abolie.

En pleurs, au pied du lit, elle murmurait les plus beaux mots d'autrefois : « Mon pays, mon frère. » Mais lui, n'ayant ni le vouloir, ni la force de la détromper, souriait et pensait que son « pays » n'était plus en elle, mais dans le ciel et sur toute la terre. Il répétait dans son cœur : « Mes frères », et s'il la regardait plus que les autres, c'était par pitié seulement, pour le torrent de larmes qu'il voyait s'écouler sous ses yeux, ses yeux qui se fermeraient bientôt et déjà ne pleuraient plus. Mais il ne l'aimait pas plus et pas autrement que le médecin, que les vieilles parentes, que les domestiques. Et c'était là la fin de sa jalousie.

« On en avait
pour son argent… »

18, 19 et 20 mars 1897 – Un groupe de jeunes gens du monde se réunissent au « Chat-Bourbon », l'atelier-garçonnière de Jacques Bizet dans l'île Saint-Louis, nommé ainsi à l'instar du célèbre cabaret montmartrois « Le Chat-Noir » ; ils y donnent *Les Lauriers sont coupés*, fantaisie satirique en ombres chinoises mettant en scène, avec Napoléon 1er, François Coppée, Maurice Barrès, le redoutable critique Ernest La Jeunesse et bien d'autres ; auteurs-acteurs-réalisateurs-accompagnateurs musicaux-régisseurs, ils sont tous des « camarades » de Marcel Proust, au lycée Condorcet, à la revue *Le Banquet*, à l'École des sciences politiques… Celui-ci, qui n'assiste pas aux représentations, apprend plus tard avec une grande tristesse, comment une scène caricature son premier ouvrage, *Les Plaisirs et les Jours*, publié non sans difficultés, en juin 1896, par Calmann-Lévy :

« Proust. – Est-ce que vous l'avez lu, mon livre ?

La Jeunesse. – Non, Monsieur, il est trop cher.

Proust. – Hélas, c'est ce que tout le monde me dit… et toi, Gregh, tu l'as lu ?

Gregh. – Oui, je l'ai découpé pour en rendre compte.

Proust. – Et toi aussi tu as trouvé que c'était trop cher ?

Gregh. – Mais non, mais non, on en avait pour son argent.

Proust. – N'est-ce pas !.. Une préface de Monsieur France, quatre francs… Des tableaux de Madame Lemaire, quatre francs… de la musique de Reynaldo Hahn, quatre francs… de la prose de moi, un franc… quelques vers de moi, cinquante centimes… Total : treize francs cinquante, ça n'était pas exagéré ?

La Jeunesse – Mais, Monsieur, il y a bien plus de choses dans l'*Almanach Hachette*, et ça ne coûte que vingt-cinq sous !

Proust *éclatant de rire* – Ah ! que c'est drôle ! Oh ! que ça me fait mal de rire comme ça !.. Comme vous avez de l'esprit, Monsieur La Jeunesse ! Comme ça doit être amusant d'avoir de l'esprit comme vous ! Est-ce que vous voyez toujours beaucoup Napoléon ? »

Treize francs cinquante – soit presque deux cent cinquante de nos francs – pour un trop somptueux ouvrage certes rehaussé de noms célèbres mais signé d'un parfait inconnu, dont la pochade souligne, dans son addition comique, la modestie ; l'éditeur des *Plaisirs et les Jours* ne vendra, en vingt-deux ans, que 329 des 1 500 exemplaires de cet « ouvrage de grand luxe », ainsi que l'indique le compte rendu bienveillant paru dans *Le Gaulois* du 20 juin 1896. Quant à l'auteur – toujours, on le sait, prétendument « relu » sans être vraiment « lu » – il conservera pourtant pendant près d'un siècle auprès du grand public l'indélébile réputation de snob mondain, flagorneur, superficiel, esthète déliquescent, verbeux et efféminé qu'il doit à une œuvre qu'on lira encore moins que celle qu'il commencera dix ans plus tard.

Pourquoi un tel malentendu – ou une si longue malédiction ?

Entre l'article de complaisance et le silence indifférent, on trouve, pour saluer le livre, quelques rares jugements favorables ; et on va même jusqu'au mélodrame : Proust provoquera en duel Jean Lorrain dont les insinuations malveillantes lui donnent l'occasion de prouver son sens de l'honneur, son sang-froid, son courage et sa virilité ; mais l'ouvrage, à sa sortie, sans passer totalement inaperçu, n'a pas d'écho véritable auprès du public.

Et pourtant ! Que n'a-t-on eu, comme Charles Maurras ou Léon Blum, alors critique, de ces lectures prospectives véritablement prophétiques : « Il faut que la nouvelle génération s'accoutume à faire fond sur ce jeune écrivain », conclut le premier après une approche assez juste de la langue, du style, de la sensibilité, de la matière du livre ; et le second, « collègue » apparemment peu prisé de Proust au *Banquet* : « J'attends avec beaucoup d'impatience et de tranquillité son prochain livre ». Les lectures rétrospectives diront l'essentiel ; ainsi Gide, publiant, en 1923 un article intitulé « En relisant *Les Plaisirs et les Jours* », s'exclame : « Les qualités de ce livre délicat, paru en 1896, me paraissent si éclatantes, que je m'étonne qu'on n'en ait pas été d'abord ébloui » ; et, par-dessus tout, Proust lui-même qui, en 1920, parmi d'autres appréciations ultérieures moins objectives et qui iront jusqu'au reniement catégorique, admet : « Je me souviens vaguement qu'on y trouva l'embryon des livres d'aujourd'hui ».

« L'embryon des livres d'aujourd'hui » : alors que l'essentiel de l'œuvre est écrit, et malgré le flou de l'assertion, n'est-ce pas, pour l'auteur, reconnaître le statut de prémices à ce qu'il qualifie régulièrement de « choses légères », « œuvre de jeunesse », « pages écrites au collège », qui deviennent d'ailleurs les « pages de collégien » du héros de *La Recherche ;* ces pages que Bergotte avait trouvées « parfaites », l'écrivain ne cessera, malgré tout, de reconnaître une qualité : le style.

Cela devait s'intituler « Le Château de Réveillon » en hommage à la « marraine », fée bien entendu, qui possédait ce domaine enchanté et devait non seulement illustrer mais encore trouver un éditeur à ce jeune novice, si désireux de publier enfin un véritable ouvrage. Bien qu'un peu impatienté des contretemps et des lenteurs auxquels elle le contraint, Proust se dit « très honoré d'avoir une si belle marraine » en la personne de Madeleine Lemaire, peintre de fleurs alors fort à la mode. Celle qui « avait créé le plus de roses après Dieu », tient en effet « pendant quatre ans sur les fonts baptismaux des lettres » ce qui, en 1893, n'est encore qu'un « recueil de petites choses ».

Les « petites choses », ces « embryons » de l'œuvre, sont des textes publiés dans *Le Banquet* et *La Revue blanche*, pour la plupart, auxquels Proust joint quelques autres pièces, des poèmes et le début de ce qu'il nommera plus tard « de la critique en action » : des pastiches. Et ce serait mal lire que de n'y voir que des vers mirlitonesques, des pastiches drôlatiques, ou ce qui pourrait passer pour de superficielles esquisses de flagornerie mondaine ou pour les déliquescentes préoccupations d'un rêveur solipsiste. La richesse des références culturelles – aussi bien dans les épigraphes que dans les allusions – la profondeur de certaines réflexions – y compris religieuses, qu'on ne trouvera jamais aussi clairement exprimées –, la justesse des observations, quelle que soit la forme sous laquelle elle s'exprime, tout, dans *Les Plaisirs et les Jours* montre « l'embryon » déjà bien formé, ses cellules bien diversifiées : le monde, la société, la vanité, le snobisme, la mode, les relations humaines, les sentiments – la jalousie notamment – la morale, l'enfance, le souvenir et jusqu'au pathétique *inversé* de « La Confession d'une jeune fille » où la plongée dans le passé fait renaître un jardin nommé « les Oublis »…, tout ce qui nourrira l'œuvre future est là, en germe, dans la seule valeur que l'auteur consent à considérer encore avec indulgence après tout le temps de sa vie : l'écriture.

Et ce qui se développera avec *Jean Santeuil*, avec les *Pastiches*, avec les *Salons*, avec la *Préface à Sésame et les Lys* avant de s'épanouir dans l'immense fresque sociale, la quête profonde, le chef-d'œuvre ponctué de malice, la religion du créateur, son régime, sa règle et sa discipline, ses Travaux et son Temps, tout cela « qui prend[ra] forme et réalité » dans *À la recherche du temps perdu*, est à voir, en devenir, dans *Les Plaisirs et les Jours*.

ANNE BORREL

Vie de Marcel Proust

10 juillet 1871. Naissance de Marcel Proust à Auteuil.

1873. Les Proust s'installent boulevard Malesherbes à Paris.

1880. Première crise d'asthme, dont Proust souffrira toute sa vie.

1882. Proust entre au lycée Condorcet.

1889. Baccalauréat ès lettres. Proust rencontre Anatole France. En novembre, il part comme volontaire au 76ᵉ régiment d'infanterie, à Orléans.

1890. De retour à Paris, il s'inscrit à l'École des sciences politiques.

1891. Étudiant en droit. Il rencontre Oscar Wilde et Jacques-Émile Blanche.

1892. Avec ses amis, Proust fonde la revue *Le Banquet*, où il signera de nombreux articles.

1893. Liaison avec Robert de Flers et rencontre de Robert de Montesquiou. Licencié en droit, il commence une licence de lettres.

1894. Rencontre de Reynaldo Hahn, avec qui il connaît sa première passion.

1895. Lectures d'Emerson et de Carlyle. Licencié ès lettres, le jeune Proust fréquente assidument les salons à la mode. Employé à la bibliothèque Mazarine, il prend un congé d'un an. Vacances avec Reynaldo Hahn en Bretagne et en Normandie. Il publie des articles critiques sur des expositions et des concerts.

1896. Parution de son premier livre, *Les Plaisirs et les Jours*, chez Calmann-Lévy. Proust se lie avec Lucien Daudet.

1897. Il se bat en duel avec Jean Lorrain qui l'avait insulté dans les pages du *Journal* au sujet de son homosexualité.

1898. Proust se passionne pour l'affaire Dreyfus. Voyage à Amsterdam, où a lieu une exposition Rembrandt.

1899. Année consacrée à l'étude de John Ruskin, dont il traduit *La Bible d'Amiens*, avec l'aide de sa mère.

1900. Proust perd son poste d'employé à la bibliothèque Mazarine.

1902. Voyage à Bruges, où a lieu une exposition de primitifs flamands. Sa traduction de *La Bible d'Amiens* est publiée par le Mercure de France.

1903. Proust commence à prendre ses distances avec Ruskin, auquel il reproche son « idolâtrie ». Mort de son père.

1905-1906. Années marquées par la mort de Mme Proust. Parution de sa traduction de *Sésame et les lys* de John Ruskin avec en préface le texte *Sur la lecture*. Proust s'installe boulevard Haussmann.

1907. Proust reprend son activité littéraire, mais se dit « très malade ». Séjour à Cabourg, où il se rendra chaque été jusqu'en 1913.

1908-1909. L'affaire Lemoine inspire à Proust la composition de *Pastiches et Mélanges*. Liaison avec Marcel Plantevignes. Rédaction de *Contre Sainte-Beuve*, que les éditeurs refusent de publier. Proust entreprend alors ce qui deviendra *À la recherche du temps perdu*.

1913. Les éditions Grasset acceptent de publier son roman à compte d'auteur. Pendant l'été à Cabourg, Proust a une aventure avec son chauffeur Alfred Agostinelli.

1914. Mort d'Agostinelli. La publication chez Grasset est interrompue par la guerre.

1916. En août, Proust quitte les éditions Grasset pour *La Nouvelle Revue française*.

1917. Après une longue période de retraite, Proust est de nouveau présent à de nombreux dîners, avec ses amis Jean Cocteau, Paul Morand, Mme de Chevigné et la princesse Soutzo.

1918. Rencontre de François Mauriac. En mars, Proust est frappé d'aphasie partielle. Parution de *À l'ombre des jeunes filles en fleurs* à la N.R.F.

1919. Déménagement rue Hamelin, où Proust finira ses jours. Parution de *Pastiches et Mélanges* et de *Du côté de chez Swann. À l'ombre des jeunes filles en fleurs* reçoit le prix Goncourt.

1920. La N.R.F. publie *Le Côté de Guermantes I*. Proust est nommé chevalier de la Légion d'honneur.

1921. Pendant une visite d'exposition au Jeu de paume, Proust a un grave malaise. Parution de *Le Côté de Guermantes II* et de *Sodome et Gomorrhe I*.

1922. Rencontre avec Maurice Martin du Gard. Parution de *Sodome et Gomorrhe II*. Proust reprend *La Prisonnière*, qui constituera le tome III de *Sodome et Gomorrhe*. Il meurt des suites d'une pneunomie le 18 novembre.

Repères bibliogaphiques

Œuvres de Marcel Proust
- *À la recherche du temps perdu*, 3 volumes, Laffont, collection Bouquins, 1987.
- *À la recherche du temps perdu*, 4 vol., Gallimard, Bibliothèque de la Pléiade, 1987.
- *Albertine disparue*, Gallimard, Folio, 1990.
- *Un amour de Swann*, Presses-Pocket, 1993.
- *Du côté de chez Swann*, Garnier-Flammarion, 1987.
- *Le Côté de Guermantes*, Gallimard, Folio, 1988.
- *La Fugitive*, Flammarion, 1986.
- *Sodome et Gomorrhe*, Gallimard, Folio, 1989.
- *À l'ombre des jeunes filles en fleurs*, Gallimard, Folio, 1990.
- *Sur Baudelaire*, Complexe, 1987.
- *Contre Sainte-Beuve*, Gallimard, Folio, 1987.
- *Pastiches et Mélanges*, Gallimard, L'Imaginaire, 1992.
- *Sur la lecture*, Mille et une nuits, 1994.

Études sur Marcel Proust
- PÉCHENARD (Christian), *Proust et Céleste*, La Table Ronde, 1996
- TADIÉ (Jean-Yves), *Marcel Proust*, Gallimard, 1994
- PAINTER (G.D.), *Marcel Proust, 1871-1922*, Mercure de France, 1992
- DE DIESBACH (Ghislain), *Proust*, Perrin, 1991
- PRINCESSE BIBESCO (Marthe), *Au bal avec Marcel Proust*, Gallimard, L'Imaginaire, 1989
- HENRY (Anne), *Proust romancier, le tombeau égyptien*, Flammarion, 1983
- DOUBROVSKI (Serge), *La Place de la madeleine, Ecriture et fantasme chez Proust*, Mercure de France, 1974

Mille et une nuits propose des chefs-d'œuvre pour le temps
d'une attente, d'un voyage, d'une insomnie…

15 mars 98
LES PREMIERS LIVRES EN EURO
Nouveautés
n° 196 Bossuet, *Sermon sur l'ambition* ; 1 euro/6,50 F
n° 197 Maïakovski, *Un nuage en pantalon* ; 1,50 euro/10 F
n° 198 Karl Kraus, *Aphorismes* ; 2 euro/13 F
n° 199 *La Genèse* ; 2,50 euro/16F50
n° 201 Cyrano de Bergerac, *L'autre monde* ; 3 euro/19,50 F
n° 202 Proust, *Les Plaisirs et les jours* ; 3,50 euro/23 F

Réimpression
n° 9 Miguel de Cervantes, *L'Amant généreux* ; 1,5 euro/10 F
n° 18 Sénèque, *Sur la brièveté de la vie* ; 1 euro/6,50 F
n° 31 Prosper Mérimée, *Carmen* ; 2 euro/13 F
n° 53 Pascal, *Discours sur les passions de l'amour* ; 1 euro/6,50 F
n° 59 Sade, *Français, encore un effort
si vous voulez être républicains* ; 1,5 euro/10 F
n° 98 Spinoza, *Traité de la réforme de l'entendement* ; 2 euro/13 F

Déjà parus en 1998

La Petite Collection : 184. Aziz Chouaki, *Les Oranges.* 185. Épi-
cure, *Lettre sur l'univers.* 186. Franz Kafka, *Le Terrier.* 187. Arthur
Conan Doyle, *Le Visage jaune.* 188. François Villon, *Ballades
en argot homosexuel.* 189. Voltaire, *Candide ou l'optimisme.*
190. Nicolas Gogol, *Le Nez.* 191. Arthur Schopenhauer, *L'Art d'avoir
toujours raison.* 192. Casanova, *Le Duel.* 193. Gustave Flaubert,
Mémoires d'un fou. 194. Jonathan Swift, *Instructions aux domestiques.* 195. Ovide, *L'Art d'aimer.*
Les Petits Libres : 15. Pierre-André Taguieff, *La Couleur et le sang.
Doctrines racistes à la française.* 16. Gérard Guicheteau, *Papon
Maurice ou la continuité de l'État.* 17. Guy Konopnicki, *Manuel de
survie au Front.* 18. Marc Perelman, *Le Stade barbare. La Fureur
du spectacle sportif.* 19. Toni Negri. *Exil.*

Pour chaque titre, le texte intégral, une postface,
la vie de l'auteur et une bibliographie.

Achevé d'imprimer en mars 1998,
sur papier recyclé Ricarta-Pigna par G. Canale & C. SpA (Turin, Italie)